二十四史
马上读 语文历史都进步

第 九 册

《新唐书》《旧五代史》《新五代史》

李海杰 主编

北京理工大学出版社
BEIJING INSTITUTE OF TECHNOLOGY PRESS

版权专有 侵权必究

图书在版编目（CIP）数据

二十四史马上读：语文历史都进步：函套共12册/李海杰主编. —北京：北京理工大学出版社，2023.10

ISBN 978-7-5763-2413-6

Ⅰ. ①二… Ⅱ. ①李… Ⅲ. ①二十四史 - 青少年读物 Ⅳ. ①K204.1-49

中国国家版本馆CIP数据核字（2023）第097057号

出版发行 / 北京理工大学出版社有限责任公司	
社　　址 / 北京市丰台区四合庄路 6 号	
邮　　编 / 100070	
电　　话 / （010）68944451（大众售后服务热线）	
（010）68912824（大众售后服务热线）	
网　　址 / http://www.bitpress.com.cn	
经　　销 / 全国各地新华书店	
印　　刷 / 唐山富达印务有限公司	
开　　本 / 880毫米×1230毫米　1 / 32	
印　　张 / 77.75	责任编辑 / 李慧智
字　　数 / 1236千字	文案编辑 / 李慧智
版　　次 / 2023年10月第1版　2023年10月第1次印刷	责任校对 / 周瑞红
定　　价 / 398.00元（全12册）	责任印制 / 施胜娟

图书出现印装质量问题，请拨打售后服务热线，本社负责调换

目录

新唐书

阎立本列传 / 004
◎ 头顶乌纱嗜丹青

白居易列传 / 010
◎ 乐天派的长安客

柳公权列传 / 016
◎ 擅长"笔谏"的书法大家

刘禹锡列传 / 022
◎ 旷达乐观的一代诗豪

柳宗元列传 / 028
◎ 半生孤独的散文大家

韩愈列传 / 034
◎ 愈挫愈勇的百代文宗

隐逸列传 / 040
◎ 大医精诚的"药王"孙思邈
◎ 狂放不羁的童心诗人贺知章
◎ 特立独行的"茶神"陆羽

儒学列传 / 048
◎ 忠勇耿直的盛世鸿儒孔颖达
◎ 独树一帜的书法大家欧阳询

文艺列传 / 055
◎ 心怀苍生的"诗圣"杜甫
◎ 天资聪颖的"奇才"王勃

- ◎ 浪漫不羁的"诗仙"李白
- ◎ 怡然自得的"诗佛"王维
- ◎ 洒脱任性的田园诗人孟浩然
- ◎ 投笔从戎的边塞诗人王昌龄
- ◎ 潦倒半生的情诗高手李商隐

外戚列传 / 074
- ◎ 善于逢迎的武三思
- ◎ 祸乱朝纲的杨国忠

宦者列传 / 081
- ◎ 忠心侍主的高力士
- ◎ 专横跋扈的鱼朝恩

酷吏列传 / 089
- ◎ 残暴狠辣的来俊臣
- ◎ 作恶多端的周兴

藩镇列传 / 095
- ◎ 扭转盛世的藩镇割据

奸臣列传 / 101
- ◎ 口蜜腹剑的李林甫
- ◎ 善于藏奸的卢杞

逆臣列传 / 109
- ◎ 安史之乱的罪魁祸首安禄山
- ◎ 安史之乱的叛军首领史思明
- ◎ 农民起义的领袖黄巢

旧五代史

后梁太祖本纪 / 123
- ◎ 终结唐朝的乱世枭雄

王彦章列传 / 129
- ◎ 宁死不屈的忠贞悍将

后唐庄宗本纪 / 135
◎ 五代乱世的天之骄子

郭崇韬列传 / 142
◎ 忠君耿谏的肱骨名臣

后晋高祖本纪 / 148
◎ 割地求荣的"儿皇帝"

景延广列传 / 154
◎ 晚节不保的托孤之臣

桑维翰列传 / 160
◎ 卖国求荣的始作俑者

后汉高祖本纪 / 166
◎ 举旗抗辽的逆袭天子

史弘肇列传 / 172
◎ 威高震主的固执悍将

后周太祖本纪 / 178
◎ 治国有方的勤俭帝王

后周世宗本纪 / 184
◎ 壮志未酬的五代第一明君

新五代史

吴世家 / 193
◎ 戎马半生的杨吴奠基人杨行密

南唐世家 / 199
◎ 回天无力的亡国之君李煜

吴越世家 / 205
◎ 缔造苏杭天堂的"海龙王"钱镠

新唐书

  《新唐书》由北宋史学家宋祁、欧阳修等人合撰，历时十七年修成，共二百四十八卷，其中包括本纪十卷，志五十六卷，表二十二卷，列传一百六十卷，是记载唐朝历史的纪传体断代史。《新唐书》记录由唐高祖李渊建立唐朝至唐哀帝李柷（zhù）遇害（618—907年），近三百年的史事。在体例上首次加入了《兵志》《选举志》，分别论述唐代府兵制、科举制等制度，是正史体裁的独创，被后面的《宋史》等沿用。

  以欧阳修为代表的宋朝士大夫，秉承正统思想，站在宋人的角度审视唐朝，因而在史料选择、价值观上较之前朝有着巨大的不同，加上欧阳修也是大文学家，因此《新唐书》确有不少优点，比如体例、剪裁、文采等方面都更加完善，特别重视《志》，保存了很多珍贵的史料，列传增添了卓行、奸臣、叛臣、逆臣等类传，意在宣扬"忠君"的儒家伦理道德。

  欧阳修（1007—1072年），字永叔，号醉翁，晚年号六一居士，吉州永丰县（今江西省永丰县）人，出生于绵州（今

四川省绵阳市）。北宋著名政治家、文学家,"唐宋八大家"之一。

　　欧阳修幼年丧父,跟随母亲投奔叔叔。叔叔人品正直,母亲亲自教育,为他日后成才奠定了基础。欧阳修二十四岁考中进士,步入仕途,屡受重用,也屡遭贬斥。1054年,宋仁宗诏令他与宋祁一起重修《新唐书》。此外,欧阳修还自撰了《新五代史》。1072年,欧阳修在家中逝世,终年六十六岁。他与韩愈、柳宗元、苏轼被称为"千古文章四大家"。

阎立本列传

> 阎立本（601—673 年），京兆府万年县（今陕西省西安市）人。唐朝著名大画家，曾出任宰相。

● 头顶乌纱嗜丹青

阎立本出身十分显赫，祖上在北魏王朝历任显职，外祖父是北周武帝。

阎立本多才多艺，爱好绘画，擅长工艺和建筑。凭借优越的出身和能力，得到了李世民的赏识，成为随侍左右的亲信。

有一次，李世民听闻南山有猛兽伤人，便派出猛将前去捕获，结果全部无功而返。这时，有位将军自告奋勇地请战，最终一箭射死猛兽。

唐太宗大喜，命令阎立本将此次壮举画下来。阎立本虽然没有亲历现场，却好像亲眼见证了捕兽的过程。他画出将军策马射击的模样,栩栩如生,仿佛要从画中奔腾而出。从此,阎立本高超的画技得到了一致赞许。

阎立本最初师从隋初画家郑法士,后来青出于蓝,于是转而师法南梁朝画家张僧繇(yáo)。

有一次,阎立本游历荆州,看到张僧繇的遗画,仔细欣赏后失望地说:"看来是徒有虚名啊!"

等到第二天,阎立本忍不住再去观摩,不由得感慨地说:"确实是近代的绘画高手。"

第三天又去欣赏,阎立本佩服地赞叹道:"盛名之下的确是高手。"于是连续十天,吃住都在画旁,沉迷得无法自拔。

张僧繇曾经画过一幅《醉僧图》,很多年来,道士们常以此画来嘲讽僧人。

到了唐高宗时期,深受羞辱的僧众们凑了几十万钱,请阎立本画了《醉道士图》予以回击,反倒促成阎立本与张僧繇这两位大师,演绎了一场跨越时空的"较量"。

因为擅长绘画,阎立本成为历史记录官,用画笔记录了重要的历史事件,真实地再现了大唐的繁华和荣耀。阎立本曾奉诏画下唐太宗的尊容,并顺势留下了千古名画——《历代帝王图》。

他笔下的十三位帝王不仅符合历史定位,且个性鲜明，形象传神。譬如，后汉开国皇帝刘秀，在阎立本的画笔下充满了威严之气。魏文帝曹丕面露不可一世之态，隋文帝杨坚眉宇间便暗藏心计，陈宣帝陈顼（xū）的涣散眼神中透露出无能之相，等等。整幅画卷从着色到线条，无不体现着阎立本绘画的超然脱俗和笔力的登峰造极，代表着初唐人物画的最高水平，在我国绘画史上占有重要地位。

真正让阎立本闻名于世的画作是《步辇图》。当时，吐蕃国王松赞干布因为仰慕大唐文明，派出使者到长安求娶大唐公主。阎立本在《步辇图》中所描绘的，正是吐蕃使者朝见唐太宗的画面。威严而平和的唐太宗，恭敬且谦卑的使者，无不彰显着大唐的至尊地位，见证着汉藏的友好情谊。

阎立本仅凭《历代帝王图》和《步辇图》，便奠定了在我国艺术史上的尊崇地位。

后来，阎立本被唐高宗任命为右丞相，朝臣们流传"右相驰誉丹青"的说法，意在讽刺阎立本擅长绘画却没有宰辅之才。事实上，阎立本颇有识人之明。

有一次，阎立本前往地方考核官吏，遇到一个小小的参军，便对他说："我是画家，有想画的人，有不想画的

新唐书·阎立本列传

人，而你就是我见到第一眼，就觉得非画不可的人。"这名参军身份低微，但是性格沉静，眼神坚毅，阎立本因此坦言道："被我凝视而神情毫不变化的人，实在从来没有过。"于是极力举荐他。这名参军就是狄仁杰，后来终成一代名臣。

唐朝名相辈出，阎立本因为擅长丹青，以至于政绩完

▼ 阎立本赏识狄仁杰

全被忽视，也算是最有文艺细胞的宰相了。

七十三岁那年，阎立本终于放下画笔，走完了自己的艺术人生。他的那些经典画作穿越历史长河，正一页页地展开在后人面前，壮观地再现着大唐盛世。

经典原文与译文

【原文】初，太宗与侍臣泛舟春苑池，见异鸟容与波上，悦之，诏坐者赋诗，而召立本俾状。阁外传呼画师阎立本，是时已为主爵郎中，俯伏池左，研吮（shǔn）丹粉，望坐者羞怅流汗。归戒其子曰："吾少读书，文辞不减侪（chái）辈，今独以画见名，与厮役等，若曹慎毋习！"——摘自《新唐书·卷一百》

【译文】当初，唐太宗和侍臣在春苑池划船游览，看到珍禽异鸟在池面上随波起伏，龙颜大悦，诏令同坐船上的人吟咏诗歌，而喊阎立本前来写生作画。阁门外传呼画师阎立本，此时他已经担任主爵郎中，却趴在池边，研墨挥笔作画，看到坐着吟诗的人羞愧得冷汗直流。回家后，阎立本告诫儿子说："我年轻时读书，吟诗作

文不比那些人差,如今只以绘画知名,被人当奴仆看待,你们千万不要学画!"

容与波上:容与,随水波起伏的样子。形容某物在水波上起伏荡漾的形态。

驰誉丹青:丹,丹砂;青,青雘(huò),可以作画的矿物原料,后成为绘画艺术的代称。意为凭借绘画而闻名。

白居易列传

> 白居易（772—846年），字乐天，号香山居士，又号醉吟先生。祖籍河东道太原府（今山西省太原市），出生在河南道新郑县（今河南省郑州市）。唐朝三大诗人之一，著名文学家。

● 乐天派的长安客

白居易出身于"世敦儒业"的书香之家，从小博闻强识。六七个月大的时候，乳母抱着他站在书屏前玩耍，指着书屏上的"之"字和"无"字教他认，小娃娃咿咿呀呀还不会说话呢，却已经悄悄记下了这两个字。

几天后，大人们开玩笑问白居易哪一个是"之"字，他伸出小手指了指屏风上的"之"字。众人惊呆了，又问他"无"在哪里，白居易竟然又指对了！

白居易五六岁时就会作诗，九岁时熟练地掌握了声韵。

十六岁时，白居易带着诗作前往长安拜访诗坛前辈、大文豪顾况。顾况看着风尘仆仆的白居易，开玩笑说："长安米价很贵，要想定居生活，可不容易！"白居易不敢反驳，只是毕恭毕敬地递上诗作。

顾况漫不经心地打开，读到"离离原上草，一岁一枯荣"时，不禁震惊了，眼前这位小辈竟然有如此旷世之才！顾况连忙改口说："你才华横溢，要想住在长安，简直太容易了！"于是，白居易的名声在京城里传遍了。

二十九岁时，白居易再次整理行囊前往长安参加进士考试，满腹才学的他一试即中，而且是同榜十七名进士中最年轻的一位。

808年，白居易在京城担任言官，爱好文学的唐宪宗十分赏识他。为了报答皇帝的知遇之恩，白居易频繁上书言事，痛陈朝政的弊病。可是，他谏言的方式太过直接，常常弄得宪宗下不来台。

有一次，白居易向宪宗进言国事，说着说着双方起了争执，白居易一时性急，直接对宪宗喊道："陛下错了！"宪宗非常生气，对宰相李绛抱怨说："白居易这小子可是我一手提拔上来的，却如此无礼，我实在是忍受不了了，一定要将他贬官！"李绛认为这是白居易的一片忠心，规劝宪宗广开言路，予以包容。

早年间,白居易与小自己八岁的元稹(zhěn)结识,两人对诗歌的爱好使彼此惺惺相惜,互为知己。工作之余,他和元稹一起发起新乐府运动,写下大量现实主义诗歌,向统治者传达民情民意,对后世产生了重大影响。

同时,白居易还主张,诗人应该努力追求通俗性、写实性。他每写成一首诗,就念给上年纪的老太太听,问对方能不能听懂,如果听不懂,他便反复修改,直到

▼ 白居易与老太太谈诗歌

老太太能听懂为止。

有一次,元稹去外地办公,在驿馆因为住宿与太监刘士元发生争执,不仅被太监抽打,还被恶人先告状,导致再次被贬。

白居易见好友遭受如此冤屈与侮辱,多次大胆上书,极力辩护说:"元稹做官以来,勤恳正直,严于职守。刘士元出使外地,肆意施暴,有错在先,如果让元稹承受不白之冤,以后朝廷命官受了太监的侮辱,都会忍气吞声,陛下怕是更难得知真相。"皇帝没有采纳,执意驱逐元稹出京。

白居易含泪送别挚友,身处两地后,两人作诗相互唱和,情感真挚感人,给唐代诗坛留下了一段佳话。

后来,白居易也得罪了朝廷权贵,他们污蔑白居易越职和不孝,于是白居易被贬为江州司马,一个级别高、俸禄丰厚但没有实权的职位。

"安史之乱"中,杨贵妃被唐玄宗赐死在马嵬(wéi)坡。有一年,白居易游览马嵬驿(今陕西省兴平市境内),归来后写下了以唐玄宗与杨贵妃的爱情故事为主题的千古名篇《长恨歌》,顿时引起轰动,社会各界人士争相传颂。

当时,有一位军官打算娶一名歌姬,但还没下定决心,歌姬自信满满地说:"我能背诵白学士的《长恨歌》,寻常歌姬怎么能和我相提并论?"一时间身价倍增。

全国各地的学堂、佛寺、旅社,上自士大夫,下至平民、僧侣,乃至于年老的寡妇都能吟咏白居易的诗歌。

晚年的白居易定居洛阳(今河南省洛阳市),常常作诗饮酒、参禅抚琴。

当时,洛阳龙门山下的伊水河道十分曲折,布满陡峭的山石,冬季枯水期时船只航行非常困难。白居易施舍家财,组织人员开凿龙门潭南的"八节滩",造福了当地民众。

两年后,这位创作了两千八百多首诗、八百多篇散文的伟大文学家,慈悲爱民的老人离开人世,安葬于洛阳香山。

经典原文与译文

【原文】俄有言:"居易母堕井死,而居易赋《新井篇》,言浮华,无实行,不可用。"出为州刺史。中书舍人王涯上言不宜治郡,追贬江州司马。既失志,能顺适所遇,托浮屠生死说,若忘形骸(hái)者。——摘自《新唐书·卷一百一十九》

【译文】 不久有人进言:"白居易的母亲堕井而死,而他还写《新井篇》的赋文,言辞华丽,行为不踏实,不能重用。"白居易遂被调出朝廷担任州刺史。中书舍人王涯上书说白居易不适宜治理州郡,于是进一步贬他为江州(今江西省九江市)司马。白居易失意之后,却能顺应自己的遭遇,依托佛教的生死轮回之说,像是忘了自身的形骸。

词语积累

人情冷暖: 人情,社会上的人情世故。指在别人得势时就奉承巴结,失势时就不理不睬。

千呼万唤: 千万次地呼唤。形容多次呼唤,再三催促。

天长地久: 与天和地存在的时间一样长。形容时间悠久,也形容永远不变(多指爱情)。

柳公权列传

> 柳公权（778—865年），字诚悬，京兆府华原县（今陕西省铜川市耀州区）人。唐朝中期著名书法家、诗人，与欧阳询、颜真卿、赵孟頫（fǔ）并称"楷书四大家"。

● 擅长"笔谏"的书法大家

柳公权出身于官宦之家，自幼爱好学习、勤勉读书，加上天资聪慧，十二岁便能作辞赋，三十一岁考中进士。此后十余年，在夏绥银宥（yòu）节度使的幕府任职，苦心钻研书法。

刚开始，柳公权学习王羲之的笔法，之后又遍学历代书法，同时精研欧阳询、颜真卿，再融入自己的新意，最终融会贯通，博采众长，自成一家，既有魏晋的风格，又吸取了隋唐以来的名家风范，形成独特的"柳体"，因此

新唐书·柳公权列传

天下闻名。

唐穆宗刚刚即位,柳公权入京奏事,穆宗久闻他的名声,说:"自从我在佛寺中看过你的书法,想见你已经很久了。"于是将他提拔为京官,伴随在身边。此时,柳公权已经四十三岁了。

唐穆宗即位后,生活放纵,专心游宴,不理朝政。穆宗曾向柳公权询问怎样才能写好字,柳公权回答:"运笔写字,关键在心,心术端正运笔才能端正。"穆宗闻言,脸色大变,知道柳公权是借着谈书法规劝他。

后来,穆宗的儿子文宗即位。文宗也很欣赏柳公权的才能,君臣二人经常畅谈到蜡烛都烧完了,还意犹未尽。即便柳公权深受文宗宠信,却始终坚持大臣的本色,丝毫不肯谄媚。

有一次,文宗与朝臣谈起历史上以节俭闻名的汉文帝,抬起衣袖得意地说:"我这件衣服已经洗过三次了,如今还在穿。"众臣闻言,纷纷颂扬文宗的节俭美德,文宗听得满心欢喜,唯独柳公权沉默不语。

待众人退下,文宗便留下柳公权,问他为何不说话。柳公权说:"陛下作为皇帝,应该重用贤才,罢黜(chù)奸臣,听得进忠言劝谏,做得到赏罚分明。至于穿着洗过的衣服,不过是小节,根本无足轻重。"

▲ 柳公权直谏唐文宗

当时，文宗身边还有另一位大臣，听了柳公权的话，吓得瑟瑟发抖，而柳公权说得理直气壮。文宗说："这番话足能体现你的谏臣风度，就任命你担任谏议大夫吧。"

后来，朝廷为了表彰一代高僧大达法师的事迹，决定在京城长安（今西安市）刊刻功德碑，皇帝下令由宰相撰文，柳公权书写。因为大达法师的骨灰安放于玄秘塔，因此这篇碑文简称为《玄秘塔碑》。

《玄秘塔碑》在书法艺术上的造诣，达到了极高的成就，是柳公权书法创作生涯中的一座里程碑，标志着"柳体"

书法完全成熟，成为历代书法学习者的正宗范本，对后世产生了深远影响。柳公权时年六十四岁。

两年后，唐武宗亲临左神策军军营视察。左神策军是唐朝皇帝最精锐的部队之一，为国家立下过很多战功，军队总指挥趁机奏请立碑颂德，武宗同意，并下令柳公权书写，简称《神策军碑》。

相比两年前的《玄秘塔碑》，《神策军碑》的艺术风格更加成熟稳健、苍劲精炼，被后人赞誉为柳公权"生平第一妙品"。

《神策军碑》刻成之后，就收藏在皇宫里，后来原石碑毁于战火，仅有极少数拓本传世。到宋朝时，连拓本都只有残存的孤本，因此备受历代珍视。直到1965年，在周总理的直接关怀下，由国家出重金购回，现藏于北京国家图书馆。

柳公权晚年，书法造诣已经名满天下。此时的皇帝是唐宣宗，因为欣赏柳公权的书法，宣宗便召柳公权到殿前，分别用楷书、行书、草书三种字体写字，并当作珍宝一样收藏。

自此，国内国外都以能得到柳公权的墨宝为荣耀。公卿大臣之家为祖先立碑志，如果不是柳公权的字，人们便认为是子孙不孝。外国人入朝进贡，也要准备专款购买一幅柳公权的字带回去,这成为当时唐朝最强有力的文化输出。

柳公权八十八岁去世,他漫长的一生经历了九位帝王,历仕七朝。为人为官,都如同他写的字一样,既有风骨,又一丝不苟。

经典原文与译文

【原文】召问得失,因言:"郭旼(mín)领邠(bīn)宁,而议者颇有臧(zāng)否(pǐ)。"帝曰:"旼,尚父从子,太皇太后季父,官无玷邮,自大金吾位方镇,何所更议?"答曰:"旼诚勋旧,然人谓献二女乃有是除,信乎?"帝曰:"女自参承太后,岂献哉?"公权曰:"疑嫌间(jiān)不可户晓。"——摘自《新唐书·卷一百六十三》

【译文】唐文宗召见柳公权询问政事得失,柳公权趁机说:"郭旼担任邠宁节度使,议论的人颇有褒贬。"皇帝说:"郭旼是尚父郭子仪的侄子,太皇太后的叔父,做官没有过失,以大金吾的身份去地方担任节度使,有什么好议论的?"柳公权回答:"郭旼的确是功勋旧臣,但有人说是因为他给皇宫进献了两个女儿才有此次任命，是真的吗？"皇帝说："两个女儿是自己要进宫侍奉郭太后，怎么能说是进献的呢？"柳公权说："这种容易被怀疑和误会的事情，不容易被别人了解。"

> **词语积累**
>
> **颜筋柳骨**：颜，颜真卿；柳，柳公权。意为颜真卿的书法筋肉丰满，柳公权的书法骨力刚劲。
>
> **瓜李之嫌**：瓜李，成语"瓜田李下"的略语；嫌，嫌疑。比喻处在被怀疑的地位。

刘禹锡列传

> 刘禹锡（772—842年），字梦得，籍贯河南道洛阳县（今河南省洛阳市）人。唐朝著名文学家、哲学家，有"诗豪"之称。

旷达乐观的一代诗豪

刘禹锡出身小官僚世家，他的父亲曾在江南为官，他便在那里度过了青少年时期。

刘禹锡天资聪颖，从小接受儒学教导，怀抱积极入世的理想，尤其喜欢吟诗作对，曾经得到名家指点。十九岁前往洛阳、长安游学，很快凭借诗文在士林中获得很高的声誉。

三年后，刘禹锡与柳宗元同年高中进士，又在同一年通过吏部考核，获得做官的资格。两人因此结下深厚的情谊，后来又一起结识了韩愈，三个年轻人因为共同的爱好和志趣，情谊非同一般。

805年，唐顺宗继位，开始重用王叔文进行改革。王叔文与刘禹锡此前就有交情，十分欣赏他的才华和志向，甚至一度期待他成为未来的宰相，并寄予厚望。

刘禹锡得此知音，参政热情高涨，积极投身这场反对藩镇割据和宦官当权的"永贞革新"，并与柳宗元一起成为其中的核心人物。最终，改革以唐顺宗退位、唐宪宗登基而宣告失败，刘禹锡被贬为朗州司马。

朗州就是今天的湖南省常德市，在当时属于蛮夷之地，民风彪悍庸陋。三十四岁的刘禹锡到了朗州，甚至找不到一个人与他谈论诗词歌赋，更不用说谈得来的朋友了。被贬的日子虽然有些不得志，但刘禹锡生性乐观，常与被贬为永州（今湖南省永州市）司马的柳宗元以诗歌唱酬。

朗州自古属于楚地，当地人崇尚巫术，但凡修建祠庙，都喜欢击鼓跳舞，奏乐唱歌，而歌词都是本地俗语。

刘禹锡充分发挥文学才华参与其中，仿照骚体的创作风格，写作新辞教巫师演唱，渐渐传遍民间，以至于后来整个武陵山区百姓们所唱之歌，大部分都是刘禹锡的作品。

815年，被贬十年之久的刘禹锡，终于在一些京城官员的斡（wò）旋下，与柳宗元一起被唐宪宗召回京城长安。

▲ 刘禹锡在陋室写作《陋室铭》

多年不见的老友久别重逢，刘禹锡难掩激动的心情赋诗一首，诗中有"玄都观（guàn）里桃千树，尽是刘郎去后栽"的豪言，却被有心的政敌解读为狂妄不羁、不知感恩。

唐宪宗一怒之下，再次将刘禹锡贬出京城，而且安排到了更荒蛮的播州（今贵州省遵义市）当刺史。这时，刘禹锡的好友纷纷上书求情，这才被重新安排到稍微好点的地方。

几年后，刘禹锡调任和州（今安徽省和县）刺史。因为屡次被贬，就连品阶比他低的地方官都敢欺负他。他刚

新唐书·刘禹锡列传

抵达和州,就被当地知县来了个下马威。

按制度,刘禹锡应该住在官府标配的住宅,知县却安排他住在远离市区的城南。刘禹锡第二天便在屋门上贴出一幅字,抒发了每日望江看海的惬意心情。知县恼羞成怒,又让他搬到更偏僻的城北,屋里简陋得只留有一张床、一张桌椅。第二年春天,刘禹锡看见满园春色,顿感怡然自得。

于是,在这间狭小逼仄(zè)的房间里,刘禹锡留下了千古名篇——《陋室铭》。此时的刘禹锡安之若素,宠辱不惊,比年轻时多了几分从容淡定。

826年,在不欣赏刘禹锡的唐宪宗去世几年之后,刘禹锡也已经被贬二十二年,终于得以从和州刺史的任上调回洛阳。他走到扬州(今江苏省扬州市),遇见同样被贬官的白居易,白居易在宴席上对刘禹锡的际遇表达了同情,刘禹锡赋诗"沉舟侧畔千帆过,病树前头万木春"来回应,表现出了豁达的胸襟,成为千古名句。

第二年,刘禹锡被召回长安。当年离京时还是抱负满满的热血青年,如今归来却已两鬓(bìn)斑白,唯一不变的,还是那份乐观旷达的精神。

眼见当年的政敌早已不在人世,在位的皇帝也换了几任,刘禹锡豪迈地写下"种桃道士归何处,前度刘郎今又来"的壮语,表达了始终不屈的意志。

此后,刘禹锡历任苏州(今江苏省苏州市)刺史以及在京各种闲职,最后定居洛阳,醉心于诗词歌赋,尤其喜欢与白居易和诗。此间,刘禹锡留下了"芳林新叶催陈叶,流水前波让后波"的名句。

刘禹锡在去世前专门写下了《子刘子自传》,他不夸耀文学成就,不为坎坷人生悲鸣,而是为王叔文倾情辩护,为革新事业振臂高呼。"永贞革新"历经百余天,刘禹锡却选择用一生来坚守。

经典原文与译文

【原文】始,坐叔文贬者八人,宪宗欲终斥不复,乃诏虽后更赦令不得原。然宰相哀其才且困,将澡濯(zhuó)用之,会程异复起领运务,乃诏禹锡等悉补远州刺史。而元衡方执政,谏官颇言不可用,遂罢。——摘自《新唐书·卷一百六十八》

【译文】当初,王叔文等被贬的八个人,宪宗对他们一再贬谪,诏书上也有"逢恩不宽恕"的命令。然而宰相惋惜他有才能却处境困顿，欲洗雪他的名声之后，逐步提升他。正好朝廷重新起用程异掌管盐铁转运事务，便下诏派刘禹锡等人任边远州郡刺史。恰好武元衡主掌中书省，谏官都说刘禹锡等人不可再用，于是作罢。

感激涕零：因感激而流泪。形容极度感激。

司空见惯：司空，古代官职，这里指李绅。本意指李绅见惯了灯红酒绿、习惯了奢侈。比喻某事常见，不值得奇怪。

芒寒色正：指星光清冷色纯正。也借以称颂人的品行高洁正直。

柳宗元列传

> 柳宗元（773—819年），字子厚，河东道河东县（今山西省永济市）人，世称"柳河东"，因为官终柳州刺史，又称"柳柳州"。唐朝著名文学家、哲学家，"唐宋八大家"之一。

半生孤独的散文大家

柳宗元的祖上是"河东三著姓"之一的河东柳氏，他的母亲卢氏，出身于从汉朝一直兴盛到唐朝的著名大姓——范阳卢氏。

柳宗元在京城长安出生，从小聪明机警，如此良好的家庭背景，加上父母的熏陶，使他对知识充满渴求，对朝政与社会现实也有深刻的了解。

青年时期的柳宗元善于作文，获得众人的一致推崇，前景一片坦途，二十一岁便高中进士，二十四岁入朝为官，前半生过得顺风顺水。

转折发生在805年。这一年,唐顺宗继位。面对藩镇割据、宦官专权,顺宗大力重用王叔文实行改革。才华横溢的柳宗元和好友刘禹锡因为政见与王叔文一致,便加入改革大军,开启了轰轰烈烈的"永贞革新"。后因顺宗重病缠身,被迫禅位给儿子唐宪宗,改革仅仅持续了一百多天便宣告失败。

同年,柳宗元被贬为永州司马。永州位于今天湖南省的西南部,崇山峻岭,邻近少数民族聚居区,当时属于蛮荒之地。从京城到永州,无异于从天堂到苦海,况且还不知道何日是归期。

面对这样的落差,柳宗元不仅没有消沉,反而积极主动学习,在哲学、文学、史学等方面努力钻研,同时游历了永州的山山水水。正是在永州,柳宗元的思想日益深邃,文学造诣越发深厚,文学创作也达到了巅峰。

早年在京城的时候,柳宗元、刘禹锡就因共同的志趣,与韩愈结下了深厚的情谊,三人经常在一起探究诗文,讨论国事。柳宗元也积极响应韩愈的号召,共同提倡"古文运动",因此被世人并称为"韩柳"。柳宗元被贬后,昔日的朋友都避之不及,只有韩愈和刘禹锡与他的书信从未中断。

▲ 柳宗元被贬永州

后来,有位年轻人从长安奔赴永州,想要拜柳宗元为师,柳宗元说:"我的道德修养不够深厚,学业根基也比较浅薄,哪里有资格做你的老师呢?"

恰逢韩愈因为写作《师说》遭到抨击,柳宗元便逐个举出《师说》的观点,表示可以互相学习对方的长处,同时也是以实际行动呼应韩愈,要将古文之道传授给更多读书人。

柳宗元在永州创作的山水游记,则集中体现了他作为思想家的深刻智慧,其中尤以"永州八记"为杰出典范。

有一天，柳宗元做了个梦，梦中溪神质问他说："你为什么给我起名叫'愚溪'？"柳宗元说："你听说过贪泉吗？人们喝了它的水变得贪婪，难道是泉水的原因吗？你这么美丽，没有被别人发现，却不幸被我这个愚笨的人发现，又偏偏喜欢你，引得我住在这里不想走，你就认命吧！"

原来，柳宗元将一条溪水命名为"愚溪"，并在溪水边结茅居住，不久后写下自娱自嘲的《愚溪对》，以浇心中块垒。

柳宗元四十三岁时，终于收到了重返长安的诏书，这时他已经被贬永州长达十年。

刚抵达长安一个月，柳宗元又因为刘禹锡的一首诗，被贬为柳州（今广西省柳州市）刺史。他不仅没有责怪挚友，反而担心刘禹锡被贬之地太蛮荒，无法携带母亲上任，因此主动请求朝廷为两人调换任地，刘禹锡最终被更换到一个环境稍好的地方。

柳宗元到任柳州之后，积极实践政治理想。柳州有一种流行多年的恶俗，就是买卖人口成风。找别人借钱需用儿子或女儿作为人质，如果到期还不上钱，债主有权将人质扣下，当成奴婢买卖。

柳宗元想尽各种办法，帮助借债人赎回儿女。对于特别贫困的百姓，就让债主写下雇佣文书，根据人质的劳动价值折算工钱，定期归还人质。对于已经被卖为奴婢的，他便自己出钱赎回。

在柳宗元的治理下，柳州人民安居乐业，父慈子孝，兄友弟恭，这一创举也被推广到其他州县。

819年，连续被贬十四年的柳宗元带着满腔的遗憾和未尽的抱负病故于柳州，享年四十七岁。他的不朽诗文却成为永恒的经典，穿越时光，扑面而来。

经典原文与译文

【原文】元和十年，徙柳州刺史。时刘禹锡得播州，宗元曰："播非人所居，而禹锡亲在堂，吾不忍其穷，无辞以白其大人，如不往，便为母子永诀。"即具奏欲以柳州授禹锡而自往播。会大臣亦为禹锡请，因改连州。——摘自《新唐书·卷一百六十八》

【译文】唐宪宗元和十年，柳宗元被贬为柳州刺史。当时，刘禹锡被贬为播州（今贵州省遵义市）刺史，柳宗元说："播州不适合人居住，而且刘禹锡的母亲健在，我不忍心他感到为难,无法向母亲大人说起此事,如果他的母亲不能同往,便是母子永别。"立刻起草奏章,请求把柳州授给刘禹锡,自己去播州上任。恰巧有大臣也为刘禹锡请求,刘禹锡因此改任连州(今广东省连州市)刺史。

黔(qián)驴技穷:黔,贵州省的简称;技,技能;穷,尽。比喻有限的一点本领也已经用完了。

垂涎(xián)三尺:涎,口水。流出的口水有三尺长。形容嘴馋到极点。现在多形容见到别人的好东西分外眼红,极想弄到手的贪婪样子。

韩愈列传

> 韩愈（768—824年），字退之，河南道河阳县（今河南省孟州市）人，因自称"郡望昌黎"，世称"韩昌黎""昌黎先生"。我国历史上著名的文学家、思想家、哲学家，唐朝古文运动的倡导者，"唐宋八大家"之首，与柳宗元、欧阳修和苏轼合称"千古文章四大家"。

愈挫愈勇的百代文宗

韩愈出身于一个官宦世家，他的祖父辈都曾经在朝为官。韩愈三岁时父母过世，他便跟着大哥大嫂一起生活。十岁那年，大哥也病故后，韩愈只好与寡嫂相依为命，一直过着颠沛流离的生活。

童年的不幸经历，使年幼的韩愈自小便深知"知识改变命运"的道理，在学习方面从来不需要鞭策。

韩愈长大后，走的也是官宦世家子弟的老路——通过科举考试，以求入仕为官。他十九岁来到京城长安，二十岁第一次参加科举考试，结果先后三次都失败了，直到第四次才金榜题名。

根据唐朝的制度，考中进士并不能直接做官，还要通过吏部的选拔考试。于是，从二十六岁开始，韩愈连续三次参加吏部举行的博学宏词科考试，三次均失败。其间，韩愈大胆地给当朝宰相写信举荐自己。

韩愈在信中说："周公爱惜人才，哪怕正在吃饭，听说有人才前来拜访，都会立刻放下筷子出去迎接。有一次，他一顿饭竟然停下来三次，你看人家多爱惜人才啊！"然而，韩愈的热切没有得到回应，先后寄出三封书信都石沉大海。愤懑（mèn）的韩愈有感而发，创作了《马说》，将怀才不遇的幽怨化成了文字"千里马常有，而伯乐不常有"，至今依然广为传颂。

796年，韩愈得到一位节度使的推荐，得以试任官职。其间，他利用教导青年学生的机会，率先提出倡导古文、反对骈（pián）文，全面改革散文创作。

原来，我国的文学领域，从三国时期起，写文章开始讲究声律、辞藻、对偶，经过几百年的发展，骈文一度极其兴盛，但到后来，逐渐变得形式很僵化、内容很虚无，并且严重脱离现实,成为文学发展的障碍。

于是韩愈高举反对骈文的大旗,主张效仿先秦时代的散文创作,要求内容质朴、形式自由,以利于反映现实、表达思想,以此宣传自己的政治主张和儒家思想。

韩愈不仅口头提倡,而且联络柳宗元等一大批有识之士,积极从事古文创作,写出了大量优秀的古文作品,使文坛的面貌迅速焕然一新,这便是我国文学史上影响力十分巨大的"古文运动"。韩愈也因此奠定了其在文学史上的地位。

三十四岁那年,韩愈终于通过了吏部考试,正式成为朝廷官员。韩愈忠勇耿直,才高八斗,深受唐宪宗重视。也因此常常得罪勋贵,屡次遭贬。为了坚持自己的理想,韩愈将荣华、官位全都置之度外,遇到皇帝做错了事,他都敢于直言进谏。

819年,唐宪宗派遣使者迎佛骨入京,长安城内瞬间掀起了佛学狂潮。向来崇尚儒学的韩愈不顾个人安危,以《论佛骨表》上书宪宗,言辞十分激烈,宪宗勃然大怒,将他贬为潮州(今广东省潮州市)刺史。

到了潮州后,韩愈见当地鳄鱼成灾,便和鳄鱼打起了"嘴仗"。他洋洋洒洒写下《鳄鱼文》,痛痛快快地与鳄鱼宣战。鳄鱼们非常识趣,一看是韩大人亲自下场,

▲ 韩愈在潮州驱逐鳄鱼

乖乖地搬家，从此潮州再也没有鳄鱼为患。

824年，五十七岁的韩愈在长安病逝。留下了七百多篇诗文，其中散文近四百篇，诗三百多首，创下了三百三十个成语，不愧为"文章巨公"的称号。他的超级粉丝苏轼评价他说："文起八代之衰，而道济天下之溺，忠犯人主之怒，而勇夺三军之帅。"

经典原文与译文

【原文】 宪宗遣使者往凤翔迎佛骨入禁中，三日，乃送佛祠。……愈闻恶之，乃上表。……帝曰："愈言我奉佛太过，犹可容；至谓东汉奉佛以后，天子咸夭促，言何乖剌邪？愈，人臣，狂妄敢尔，固不可赦。"于是中外骇惧，虽戚里诸贵，亦为愈言，乃贬潮州刺史。——摘自《新唐书·卷一百七十六》

【译文】 唐宪宗派使者前往凤翔府（今陕西省宝鸡市）迎请佛骨进入皇宫，三天后，才将其送往佛寺供养。……韩愈听说后极为厌恶这种行为，于是上书劝阻。……皇帝说："韩愈说我奉侍佛教太过分，尚且可以宽容。至于说

新唐书·韩愈列传

自东汉信奉佛教以来，天子都寿短，这种话太荒谬了吧？韩愈，是朝廷大臣，胆敢如此狂妄，坚决不能赦免！"于是，朝廷内外都感到恐惧，即使有外戚勋贵也替韩愈说情，还是贬他为潮州刺史。

词语积累

虚张声势：张，铺张，夸大。装出强大的声势。指假造声势，借以吓唬或迷惑对方。

口如悬河：悬河，瀑布。说话滔滔不绝，如河水倾泻一般。

隐逸列传

> 隐逸，指隐居之士。我国历史上，很多人有才德却不入仕，而是选择隐居，与山水为邻，以至于形成了悠久的隐逸文化。《新唐书·隐逸列传》共一卷，记载了二十五位隐士，本书选取孙思邈、贺知章、陆羽为代表。

● 大医精诚的"药王"孙思邈

孙思邈（541—682年），京兆府华原县（今陕西省铜川市耀州区）人。我国著名的医药学家，被后世尊为"药王"。

孙思邈自幼爱好学习，天资聪明，被西魏大臣独孤信赞为"圣童"。七岁时，一天便能背诵上千字的文章，少年时代更是广泛涉猎诸子百家的著作，尤其精通老子、庄子的学说。

有一年，孙思邈生病，看了很多医生，甚至因此耗

新唐书·隐逸列传

尽了家财,从此立志学医救人。他十八岁开始研究医术,二十岁便为乡邻诊病。

此后,孙思邈的名气越来越大,当朝宰相、后来的隋文帝杨坚想召他入朝为官。对仕途毫无兴趣的孙思邈拒绝了邀请,专心致志地研究医术。

四十一岁时,孙思邈前往太白山隐居修道,广泛收集民间流传的药方,亲自采集草药、研制药物,认真研读《黄

▼ 孙思邈山中采药

帝内经》《伤寒杂病论》等古代医书，从实践和理论上完成了医学知识的积累。又花费毕生精力，撰写了我国历史上第一部临床医学百科全书——《千金要方》。

《千金要方》全书三十卷，卷首两篇便是《大医习业》和《大医精诚》，专门论述医生伦理，又首次用专卷论述妇科、儿科病的诊疗，均对后世产生了极大影响。本书系统总结了唐朝以前的医学成就，对后世方剂学的发展贡献巨大，是我国中医学的经典著作之一。

唐朝建立后，唐朝皇帝以道家始祖李耳的后人自居，极力推崇道教。孙思邈精通道家学说，又常年隐居，治病救人，年高德厚，名声极大。唐太宗即位后，就召见了孙思邈。他见孙思邈年近古稀，容貌和身形却与少年无异，不禁感叹道："看来，有修为道行的人的确值得尊敬啊！原来这世上真的有像羡门、广成子这样仙风道骨的人物！"唐太宗想要授予孙思邈官爵，但孙思邈拒绝了。

后来，唐高宗也邀请孙思邈入仕，孙思邈再次谢绝。682年，这位伟大的医药学家因病去世。

因为孙思邈善于养生，寿命极长，导致他的生年在后世引起很大的争议，先后有享年一百零一岁、一百二十岁、一百二十五岁、一百四十一岁、一百六十五岁等诸多说法，本书采用支持较多的一百四十一岁说。

狂放不羁的童心诗人贺知章

贺知章(约659—约744年),字季真,自号"四明狂客",越州永兴县(今浙江省杭州市萧山区)人。唐朝著名诗人、书法家。

贺知章年少时便以诗文闻名,三十多岁时高中状元,自武则天称帝时入仕,到唐玄宗期间在朝为官,深受玄宗的重用和信赖。

725年,唐玄宗封禅泰山,特意请在礼部任职的贺知章讲解礼仪制度。贺知章崇尚道教,认为"昊天上帝是君位,五方诸帝是臣位",因此建议皇帝到山上祭祀君位,群臣则到山下祭祀臣位。玄宗十分认同,按照贺知章的建议安排祭祀典礼。

贺知章性情洒脱不羁,嗜酒如命,到晚年时尤其放纵。有一次,贺知章与李白相遇,颇为投缘,于是两人相邀饮酒,酒终人散之时,才发现身上没带钱,将皇帝御赐的金饰龟袋抵押给酒家,因而留下了"金龟换酒"的典故。贺知章自从与李白相识,时常以诗酒会友,与李适之等人被称为"饮中八仙"。

744年,贺知章决定出家为道士,将家乡的老宅捐出建成道观。他向唐玄宗提出辞职,作为道教的强力推动者，玄宗怀着不舍的心情，率领文武百官为这位耄耋（mào dié）老人举行了盛大的欢送会，又亲自写诗相赠。

贺知章作为唐朝前期的诗人，为盛唐诗歌的百花齐放起到了"一花引来万花开"的效应。他的诗清新典雅，毫不雕琢，没有愤世嫉俗，只有旷达洒脱，不仅能让读者共情，还能引发共鸣。诗歌中同时蕴含了朴素的以自然为归宿的道教情结，他因此与李白、杜甫、孟浩然等人被称为"仙宗十友"。

贺知章为官五十载，最终全身而退，归乡仍是少年，写下了颇有童趣的诗文，也为世人留下了一场盛大的告别。

● 特立独行的"茶神"陆羽

陆羽（约733—约804年），字鸿渐，复州竟陵县（今湖北省天门市）人。唐朝茶学家，被誉为"茶仙"，尊为"茶圣"，祀（sì）为"茶神"。

陆羽自小是弃儿，据说是因为长相丑陋被遗弃，不知道父母是谁。后来，寺庙的僧人收养了他，等他长大后，用《易经》算卦，卦辞说："鸿渐于陆，其羽可用为仪，吉。"于是，一直没有名字的陆羽便以陆为姓，羽为名，字鸿渐。

新唐书·隐逸列传

陆羽从小在寺庙生活，日日诵经，兼着打杂，自然学会了识字、煮茶。但他生性顽皮，不认真读书，多次受到老师的惩罚。因为学习成绩不好，加上寺庙生活无趣，陆羽便跟着一个戏班子学演戏。他天生有口吃，但语言表达能力极佳，又因思维活跃，性格幽默，最终竟编写出了三卷笑话书——《谑谈》。有一次，一位太守观看了陆羽的表演，十分赏识他，便将他推荐到一名隐居在火门山的隐士那里学习，自此，陆羽开始过起了隐居生活。

隐居了几年之后，陆羽开始出山游历，四处品茶鉴茶。他的性格怪僻，喜欢当面规劝友人，经常惹得朋友不悦。有时朋友欢聚，他突然想起什么，抬腿就走，让人摸不清脾气。

760年，陆羽为了躲避战乱，便来到苕（tiáo）溪（今浙江省湖州市）隐居。陆羽喜欢品茶，早在二十多岁的时候，就立志要写一部《茶经》，并为此游遍长江中下游和淮河流域各地，收集了很多一手资料，做了大量的准备。为了写好此书，他常常独行于乡野，采摘茶叶，寻觅甘泉，时而深入农家，了解茶树品性。历时十年，最终完成了这部伟大的作品。

《茶经》是世界范围内现存最早、最完整、最全面地介绍茶的第一部专著，堪称茶叶百科全书。此书共分三卷,详细介绍了茶叶的历史、源流、生产技术、饮茶技艺、茶艺原理等方面的内容,不仅是栽培茶树的农学著作,而且深入阐述了茶文化,将饮茶上升到艺术的高度,从而极大地推动了茶知识的传播,使得饮茶之事风靡千年而不衰。

《茶经》写成后,陆羽声名大噪,就连皇帝都想邀请他入朝为官,被他婉言谢绝。陆羽之前,茶主要是药用;陆羽之后,茶才成为我国民间的主要饮料。他开启了一个喜茶的时代,让饮茶成为中国文化的一个重要标签。

经典原文与译文

【原文】照邻曰:"人事奈何?"曰:"心为之君,君尚恭,故欲小。《诗》曰'如临深渊,如履薄冰',小之谓也。胆为之将,以果决为务,故欲大。《诗》曰'赳赳武夫,公侯干城',大之谓也。仁者静,地之象,故欲方,《传》曰'不为利回,不为义疚',方之谓也。"——摘自《新唐书·卷一百九十六》

【译文】卢照邻问:"人养生的方法是怎么回事呢?"

孙思邈回答："心是五脏六腑的君主，君主崇尚谦恭谨慎，因此要小心。《诗经》说：'如同站在深渊旁，如同走在薄冰上'，这是说要小心。胆是五脏六腑的大将，追求处事果敢决断，所以要大胆。《诗经》说：'武士的气概雄赳赳，那是公侯的好护卫'，这是说要大胆。仁德的人安静，象征大地，所以要品行端正。《左传》说：'不因为私利违背礼义，不因为不合道义感到内疚'，这是说要品行端正。"

词语积累

寒暑迭居：寒暑，冬天和夏天，表示整一年；迭，更换，轮流。意为冬天和夏天交替更迭。

金龟换酒：金龟，指金龟袋，唐代官员的一种佩饰。解下金龟换美酒。形容为人豁达，恣情纵酒。

鸿渐：鸿，大雁。意为鸿鹄从低到高，循序渐进地飞翔。也可以比喻仕宦的升迁，或者代表仕进于朝廷中的贤臣。

儒学列传

> 儒学,指孔子创立的儒家学说。历代正史,均会为儒学发展做出贡献的人物立传,是为《儒学列传》。《新唐书·儒学列传》共三卷,记载近七十位儒士,本书选取孔颖达、欧阳询为代表。

● 忠勇耿直的盛世鸿儒孔颖达

孔颖达(574—648年),字仲达,冀州衡水县(今河北省衡水市)人,唐朝经学家,孔子第三十一世孙。

孔颖达年少聪慧,勤奋好学,悟性极高,八岁时能日诵千言,长大后熟读经传,擅长写文章。孔颖达的同乡刘焯(zhuō),是当时的著名大儒,他仰慕刘焯的名声,便登门拜访。

起初,刘焯有点看不起孔颖达,没有以礼相待,直到孔颖达执经问难,发表了一系列见解后,刘焯心生敬意,坚决想要留住他,却被他婉言谢绝。

唐朝建立后,孔颖达进入当时还是秦王的唐太宗的幕府,成为秦王府十八学士之一。唐太宗即位后,孔颖达因为多次耿直进谏,备受重用。太宗见孔颖达学识渊博,人品端方,让他教育皇太子。

随着皇太子年龄渐长,行为愈发有失偏颇,孔颖达经常直言批评,太宗得知后,给予丰厚的赏赐。皇太子的乳母却提醒道:"太子已经长大,你时常当面数落,实在不合适。"孔颖达义正词严地说:"我蒙受国家厚恩,即便是死了,又有什么可遗憾呢?"一如既往地诚恳规劝。

自从东汉末年之后,分裂动乱的局面延续了四百年,到唐朝一统天下,儒学典籍四散,内部派系林立,纷争不断。为了适应政治统一以及思想文化建设的需要,方便科举取士、选拔人才,唐太宗下令孔颖达主持编撰《五经正义》。

《五经正义》以《周易》《古文尚书》《毛诗》《礼记》《春秋左传》五部儒家经典为基本骨干,收揽两汉至隋朝历代大儒的注释,取其精华、去其糟粕,成为魏晋南北朝以来的经学大成之作,被唐朝政府规定为科举考试的标准教科书,从而对文化、思想、哲学、伦理、教育、社会习俗等领域产生了重大影响。

《五经正义》编撰完成后,唐太宗给予高度评价。不久,有学者对书中内容提出质疑,太宗下令孔颖达进行修订,孔颖达没来得及改完,便过世了。唐高宗即位,经过一定的修改,《五经正义》颁行全国。

独树一帜的书法大家欧阳询

欧阳询(约557—641年),字信本,潭州临湘县(今湖南省临湘市)人。唐朝著名书法家,与颜真卿、柳公权、赵孟頫(fǔ)并称为"楷书四大家",有"唐人楷书第一"的盛誉。

欧阳询的父亲在陈朝为官,因为被皇帝猜忌而被迫谋反,后来兵败被杀,全家都被处死。欧阳询因为年幼,被藏了起来,得以逃过一劫,被父亲的故友收养。

欧阳询其貌不扬,但是聪慧过人,读书一目十行,因此博览群书,而他最大的爱好还是研习书法。

欧阳询早年间与李渊相识,两人相谈甚欢,交情匪浅。李渊即位后,欧阳询的官职一再得到提升,后来奉命主持编撰《艺文类聚》一书。

《艺文类聚》是我国现存最早的一部完整的官修类书,保存了唐代以前的丰富文献资料。欧阳询创新了编撰体例,被后世类书沿用,此书一出,其他类书被逐渐淘汰；在内容取舍上，欧阳询旗帜鲜明地突出儒家正统观点，使本书成为儒家经学之外最重要的儒学教材之一，在文化教育领域产生了很大影响。欧阳询正是凭借这个贡献，得以名列《儒学列传》。

但是，欧阳询最大的成就还是他的书法。起初，欧阳询模仿王羲之，慢慢地，他险劲的笔锋远胜王羲之，于是自称"欧体"。欧阳询对书法十分痴迷，有一次他骑马外出，在野外偶然看到西晋书法家索靖书写的石碑，忍不住驻足观赏，认真观摩，以至于在石碑旁坐卧了三天，才依依不舍地离开。

当时，人们竞相收藏欧阳询的墨宝，就连高句丽（lí）（地跨今东北地区与朝鲜半岛北部）使者都不远千里而来，只为求一幅他的真迹。唐高祖忍不住感叹道："想不到欧阳询的声名竟然传到了国外，如果只是看到他的墨迹，八成会以为他是个身材魁梧之人吧！"

唐太宗即位后，有一次到九成宫避暑，无意中发现了醴（lǐ）泉，内心欢喜，下令大臣魏征撰文，欧阳询书写后刻碑纪念。欧阳询当时已经七十多岁，书法境界已经臻于化境，又是奉诏书写，因此十分用心。书成，是为《九成宫醴泉铭》，被后世誉为"天下第一楷书"。

欧阳询不仅是一位书法大家，还是一位书法理论家。

他通过长期的书法实践，总结出独具一格的"欧阳询八诀"，撰写了一系列的书法经验论著，成为我国书法理论领域的珍贵文献。

641年，八十多岁的欧阳询因病去世。因为他的儿子欧阳通也善于书法，父子合称为"大小欧"。

经典原文与译文

【原文】褚遂良亦以书自名，尝问虞世南曰："吾书何如智永？"答曰："吾闻彼一字直五万，君岂得此？"曰："孰与询？"曰："吾闻询不择纸笔，皆得如志，君岂得此？"遂良曰："然则何如？"世南曰："君若手和笔调，固可贵尚。"遂良大喜。——摘自《新唐书·卷一百九十八》

【译文】褚遂良也凭借擅长书法闻名，曾经问虞世南说："我的书法与智永相比怎么样？"虞世南回答："我听说他的一个字值五万钱，你哪里能做到这样呢？"褚遂良问："我的书法与欧阳询相比呢？"虞世南说："我听说欧阳询不论什么纸笔，都能书写如意，你哪里能做到这

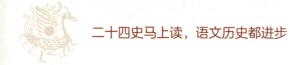

样呢?"褚遂良说:"那么我究竟怎么样?"虞世南说:"像你能做到手和笔协调,必定值得备受推崇。"褚遂良十分高兴。

智均力敌: 智,智力。指双方的智略或势力旗鼓相当,不分伯仲。

恃才以肆: 恃,依赖,凭仗;肆,放纵,任意行事。意为依仗才能而肆意行事。

摧眉折腰: 摧眉,低下眉头;折腰,弯下腰。形容低头弯腰、恭敬屈从的样子。

新唐书·文艺列传

文艺列传

> 文艺，即文学。文艺列传，即文学家、艺术家的合传，也称为文苑列传。从《后汉书》首开《文苑列传》，后世正史屡有因袭。唐代文学的主要成就是唐诗，唐朝作为我国古典诗歌最辉煌的时期，诗星璀璨。
>
> 《新唐书·文艺列传》分为上中下三篇，记载了近八十位在文坛享有盛名的人物，本书选取杜甫、王勃、李白、王维、孟浩然、王昌龄、李商隐为代表。

心怀苍生的"诗圣"杜甫

杜甫（712—770年），字子美，自号少陵野老，原籍襄州襄阳县（今湖北省襄阳市），出生于河南府巩县（今河南省巩义市）。我国历史上伟大的现实主义诗人，被尊为"诗圣"，与李白合称"李杜"。

杜甫出身于官宦之家，从小接受儒家传统伦理教育，聪明好学,七岁便能作诗,少年时先后接受了公孙大娘的剑舞、李龟年的歌曲、吴道子的绘画等多种文艺的熏陶,为诗歌创作奠定了良好的基础。当时,社会上颇有声望的名流,如李邕(yōng)、王翰等前辈,在见到他的习作之后,都争相屈尊拜访。

杜甫的青年时期,正值开元盛世,社会稳定,国力强盛。杜甫从二十岁开始游历祖国的大好河山,增加了阅历,陶冶了情操,也先后结识了李白、高适等志同道合的诗人,彼此唱和。这一时期的诗歌,也透露着"会当凌绝顶,一览纵山小"的潇洒豪迈。

唐玄宗天宝年间,诏令天下有才能的人到京城长安应试,三十六岁的杜甫也参加了考试,因权相李林甫说"野无遗贤",所有士子全部落选。杜甫为了实现政治理想,四处奔走于权贵之门,始终不得志。

754年,玄宗举行祭祀太清宫、太庙和天地的三大盛典,杜甫专门进献了一篇《三大礼赋》,深得玄宗赏识,让他等待分配。结果,主持考试的人还是李林甫,杜甫最终没有得到任何官职。一年后,杜甫终于等来了一个级别很低的小官。此时,他已经客居长安十年。

得到官职后,杜甫马上回家省亲,刚进家门,就遭遇小儿子饿死的噩耗,他也留下了"朱门酒肉臭,路有冻死骨"

的千古名句。

当年,"安史之乱"爆发,杜甫听闻唐玄宗的儿子唐肃宗在灵武(今宁夏回族自治区灵武市)继位,只身投奔肃宗,中途被叛军所俘。

当时的杜甫官职卑微,却关心局势变化,始终不忘忧国忧民。他见山河依旧,却已是颓垣断壁,百姓民不聊生,感慨于"国破山河在"的悲壮,执笔为剿灭叛军献策,期盼能救百姓于水火之中。

两年后,杜甫找到机会逃出,赶到凤翔府(今陕西省宝鸡市)投奔肃宗,受任负责谏言的右拾遗之职,因而世称"杜拾遗"。

杜甫的好友房琯(guǎn)担任宰相,因门客之事受牵连被贬职,杜甫上疏求情,肃宗大怒,将他贬到华州(今陕西省渭南市)任职。其间,杜甫目睹朝廷大军惨败,战乱下的百姓承受了无穷的灾难,依然忍辱负重参军平叛,感慨万千,创作了不朽的史诗——"三吏""三别"。

759年,杜甫对腐朽的官场痛心疾首,毅然放弃了华州的官职,几经辗转到达成都府(今四川省成都市)。在友人严武等人的帮助下,杜甫修建了一座草堂居住,世称"杜甫草堂"。

虽然不再漂泊,但生活依然困苦不堪。即便贫寒交加，杜甫依然惦记天下苍生，自己的住处四处破漏，却写出了"安得广厦千万间，大庇天下寒士俱欢颜"的豪言壮语。

严武去世之后，杜甫再次踏上了漂泊的旅程。一年之后，得以在长江边的夔（kuí）州（今重庆市奉节县）落脚，此时杜甫已经五十五岁，他的创作也进入了高峰期。据统计，在不到两年的时间里，他总共作诗四百三十多首，占现存作品的三成。其中，就有"无边落木萧萧下，不尽长江滚滚来"这样的千古绝唱。

768年，杜甫思乡心切，不顾战乱未平，决心买舟顺长江东下，经过湖北省，漂泊到湖南岳阳。他登上了向往已久的岳阳楼，远望浩渺的洞庭湖，慨然写下了阔大沉雄的千古佳作《登岳阳楼》。

随后，因为生活困难，战争继续，杜甫不仅无法北归，反而只能继续往南走，在湖南省境内徘徊了两年之久，最后在湘江的一条小船上孤独离世，终年五十九岁。

杜甫生活在唐朝由盛转衰的历史时期，他的一生亦如同这国家的命运。而他不同时期的诗歌，厚植于大唐的沃土，成为现实社会的缩影，深刻地反映了当时的社会巨变，唱响了伟大的时代悲歌，因而被后人称为"诗史"。

天资聪颖的"奇才"王勃

王勃（649—676年），字子安，绛州龙门县（今山西省河津市）人。唐朝文学家，"初唐四杰"之一。

王勃的祖父是隋朝著名的思想家王通。王勃从小就聪明好学，深受良好家境熏陶，六岁时就能写出辞藻丰富、文笔流畅的文章，有神童之称。十六岁时，便在科举考试中取得了名次。

唐高宗时，开始在洛阳城修建乾元殿，王勃借机进呈一篇《乾元殿颂》，通篇词语华丽、妙笔生花，高宗读后惊叹不已，夸赞道："奇才，奇才，我大唐奇才！"王勃的文名因此大振，被推举为"初唐四杰"之首。

高宗的儿子沛王李贤非常欣赏王勃的才华，让他在自己府上任职。有一次，李贤和弟弟英王李显斗鸡娱乐，王勃作了一篇文采斐然的《檄英王鸡文》以供助兴。谁知，这篇文章传到高宗那里，他认为王勃非但不进行规劝，还写檄文夸大其词，便怒斥他为"歪才"，将他赶出沛王府。许久之后，王勃在虢（guó）州（今河南省西部）谋得参军小职，又因为恃才傲物被同僚记恨，并最终牵连到自己的父亲被贬到交趾县（今越南北部）任县令。

王勃醉心于写作，每次动笔前，不需认真思考，通常是磨了一池墨汁后,不肯落笔,反而酒醉酣睡。待他醒来后,便开始洋洋洒洒地创作,每次都是一气呵成。人们称他的写作方式为"打腹稿"。

唐朝初期,骈(pián)文盛行。王勃的骈文对仗工整,意境旷达,又深受祖父影响,崇尚儒家思想,作品中处处可见开阔的心胸和深厚的底蕴。

有一年,王勃去交趾探望父亲,路过洪州(今江西省南昌市)时恰逢重阳节,洪州都督在滕王阁设宴招待宾客。这位都督原本让自己的女婿写好了一篇文章,准备在宴会上大出风头。王勃毫不知情,在主人的假意邀请下开始提笔创作。

都督生气地离席,却又想知道王勃写了什么,便让人一句一句传给他听。第一句报"南昌故郡,洪都新府",都督说:"不过是老生常谈。"又报"星分冀轸(zhěn),地接衡庐",都督沉默不语。又报"落霞与孤鹜齐飞,秋水共长天一色",都督大吃一惊地说:"天才啊!"请王勃写完全文,宾主尽欢而散。

这篇文章便是至今仍被广为传诵的《滕王阁序》,与骆宾王的《讨武氏檄文》并称为"骈文双璧"。

此后,王勃去交趾探望父亲,返回渡海时不幸落水而亡,英年早逝。他的一生虽然如惊鸿一般短暂,却如夏花一般绚烂。

浪漫不羁的"诗仙"李白

李白（701—762年），字太白，号青莲居士，又号"谪（zhé）仙人"，我国伟大的浪漫主义诗人，被誉为"诗仙"。

李白出生的时候，他的母亲梦见了太白星，因而取名李白。李白十岁通读诗书，十五岁便凭借诗名深受当地名流推崇。当时的益州（今四川省大部）长史见李白谈吐不俗，便大胆断言："这位青年是天才，只要他肯努力，日后一定能成为司马相如那样的人！"

年轻的李白格外喜欢剑术，更乐于做一名轻财重义的游侠。此后，他仗剑天涯，四处游历，结识了孟浩然等诗友，相互唱酬。

742年，李白来到京城长安，在紫极宫见到了大诗人贺知章。品鉴过李白的《蜀道难》之后，贺知章惊叹："莫非你是太白星下凡，谪仙在人间啊！"随后，将李白举荐给唐玄宗。

不久，李白进宫拜见皇帝，玄宗亲手为他调和羹汤，并安排他就职于翰林院，专门陪侍左右，写诗文以供娱乐。

李白爱饮酒，玄宗每次召他进宫，都醉意阑珊，但在顷刻间便能写出气势恢宏的文章。有一次，李白在大殿上喝醉，竟然让玄宗最宠信的宦官高力士为他脱掉靴子。高

▲ 李白让高力士脱靴

力士倍感羞辱，在杨贵妃面前说李白的坏话。每当玄宗想要为李白封官，杨贵妃都极力阻止。李白深知玄宗身边的人容不下自己，便请求离职，玄宗赐金放还。

  744年夏季，中国文学史上最伟大的两位诗人——李白和杜甫，在东都洛阳相遇了。两人由此结下深厚的友情，并约定下次会面时，要一起访道修仙。秋天时，李白和杜甫如约在梁、宋（今河南省开封市、商丘市一带）地区见面，与高适一同品诗论文，畅聊天下大事，体现了忧国忧民的宽广胸襟。分别后，李白在紫极宫正式入道。第二年秋天，李白和杜甫在东鲁（今山东省境内）第三次相逢，他们一起寻访隐居高士,拜访文章大家,直到冬季才分手。此后,他们不曾会面,但常以诗歌相和,续写着这段友谊。

李白喜好结交,朋友遍布天下。他旅居在叔父李阳冰家里时,好友汪伦给他写信说:"先生喜欢游玩吗?我这里有十里桃花。先生喜欢饮酒吗?我这里有万家酒馆。"李白欣然前往,却不曾见到信中提到的桃花与美酒。

汪伦以桃花潭水酿成美酒招待李白,打趣地对他说:"所谓桃花,是十里外的潭水之名,并非真有十里桃花。所谓万家,是此处开酒馆的主人姓万,并非真有上万家酒馆。"李白开怀大笑,为了回报好友的盛情,写下了诗作《赠汪伦》。

李白不羁烂漫的时光一直持续到安史之乱爆发。当时,五十七岁的李白被玄宗的儿子——永王李璘(lín)招至幕府。随后,李璘擅自巡视江东,被肃宗以阴谋叛乱的名义围剿,最终兵败身死。李白因为写过一首《永王东巡歌》,被当作李璘的同党判处死罪。幸好李白早年曾经帮助过平叛名将郭子仪,此次李白获罪,郭子仪宁愿用自己的官职换他平安,李白这才被改判流放夜郎(今贵州省桐梓县)。

759年,朝廷大赦,李白重获自由,但他身体每况愈下。三年后,李白将一生的诗作托付给李阳冰后去世,结束了浪漫而又传奇的一生。李阳冰不负重托,最终编成二十卷

《草堂集》，为我国文学史留下了一笔宝贵的财富。

关于李白的死因，众说纷纭，《旧唐书》认为他是饮酒过度而死，部分史学家认为他是病死，而民间传说认为李白是醉酒后跳入湖中捉月而死，十分符合大众对他的遐想。李白的诗歌充满了神奇的意境和瑰丽的想象，恰如杜甫那句"笔落惊风雨，诗成泣鬼神"，对后世产生了深远影响。

怡然自得的"诗佛"王维

王维（701—761年），字摩诘，号摩诘居士，祖籍太原府祁县（今山西省祁县），出生于河东道蒲州（今山西省永济市）。唐朝诗人、画家。

王维自幼聪慧过人，博学多才，年少时就以善于作诗闻名。十五岁离家初到京城，很快便成为王公贵族的宠儿。王维孤身在长安和洛阳两地漂泊，重阳节时想到家乡有登高的习俗，格外思念亲人，便写下了"每逢佳节倍思亲"的千古名句，时年十七岁。

王维的绘画天赋极高，且精通音律。某次，一位友人得到一幅珍贵的《奏乐图》，对画中内容格外好奇，随口说了句："好遗憾啊，不知道这画中人演奏的是什么曲子。"王维看过之后脱口而出："这是《霓裳（ní cháng）羽衣曲》第三叠第一拍。"有好事的人专门找来乐工演奏，果然与王维说的丝毫不差，因此对他钦佩不已。

王维二十一岁高中进士，当时正值唐玄宗开元盛世。王维历任多职，但在职时间都不长，一边过着半隐半仕的生活，一边从事创作。后来，叛将安禄山攻陷长安，王维来不及走脱，因为名声太大，便服药让自己得了痢疾，谎称有病，以此逃避安禄山的关注。安禄山久闻王维的才名，强迫他担任伪职。其间，王维偶然听到安禄山宫宴传出的乐音，想起开元盛世时宫中的盛景，心中悲怆不已，于是赋诗一首抒发亡国的悲痛之情。

后来，唐玄宗的儿子唐肃宗平定安禄山之乱，王维与其他身陷叛贼的官员一同被抓，等待治罪。最终，因为王维创作了那首诗，成了"保命符"，肃宗又看在王维的弟弟平叛有功，为哥哥说情的分上，才没有定他的罪。

自此之后，本就信佛的王维愈发醉心佛事，每日参禅悟理，平常只穿素衣，吃素食，还曾一度隐居终南山。因此，他的大部分诗作都描绘山水田园、歌颂隐居生活，充满了"诗中有画，画中有诗"的空灵风格，营造出"诗中有禅"的淡泊意境，在诗坛独树一帜。王维继承和发展了谢灵运开创的传统，吸纳了陶渊明的艺术风格，将山水田园诗推向了新的高度，与孟浩然合称为"王孟"。王维也开启了文人画的新传统。在他之前，绘画承担"成教化、助人伦"的宣教功能，自他之后，开始体现画家内心的感受与精神状态。王维因此被奉为山水画的"南宗鼻祖"。

王维临终前，给弟弟和身边挚友留下了几封书信，奉劝他们信佛修心，放下笔后安然离世。他的胸怀早已超越世俗凡情，这份宠辱不惊的自得，让他享有"诗佛"的美名。

洒脱任性的田园诗人孟浩然

孟浩然（689—740年），字浩然，襄州襄阳县（今湖北省襄阳市）人。唐朝著名的山水田园派诗人，世称"孟襄阳"。因他不曾入朝为官，又被称为"孟山人"。

孟浩然出生于书香世家，从小就注重节操，爱讲义气，喜欢帮助人。二十多岁便在鹿门山（今湖北省襄阳市城东南）隐居，以作诗自得其乐，《过故人庄》《春晓》等名篇都创作于这个时期，初步形成了融于自然的艺术风格。

孟浩然直到快四十岁，才入京游历。他曾在当时的最高学府——太学作诗，顿时技惊四座，名动京城。宰相张九龄、著名诗人王维都推崇他。

有一次，王维私自带着孟浩然进入翰林院。恰好唐玄宗不期而至，孟浩然没想到会碰到皇帝，吃惊之余躲到床底下，王维不想欺骗皇帝，便据实报告。玄宗高兴地说："我听说他的名声已经很久了，一直想见见，为什么要躲起来呢？"孟浩然现身，玄宗让他读自己的诗作，读到一句"不才明主弃"，玄宗不高兴地说："你没有参加科举求仕，我也从来没有放弃你，怎么能污蔑我呢？"便让他返回家乡。

孟浩然身逢盛世，年轻时也曾一腔热血，想入仕为官，创立一番事业。于是广泛游历，到处投诗，希望有权贵能向朝廷推荐自己，在这期间结识了大诗人李白，但求仕毫无结果。此次遇到皇帝，又触了霉头，于是离开长安，继续四处游历，逐渐打消了入仕的念头。

几年后，孟浩然家乡的地方长官刺史大人仰慕他的才华，便约他见面，准备举荐给朝廷。到了约定的日期，孟浩然却在与另一波友人畅谈诗歌。当时有人提醒孟浩然有约，他却忘乎所以地说："我现在喝酒喝得正开心呢，哪里还管得了其他的事？"

这之后，孟浩然前往广陵（今江苏省扬州市），在江夏（今湖北省武汉市武昌区）与李白再次聚首。李白在长江边送别孟浩然，留下了千古佳作——《送孟浩然之广陵》。

740年,好友王昌龄路过襄阳,孟浩然的背部长了毒疮,即将痊愈,但他不管不顾,与王昌龄放肆豪饮,最终使得病情加重去世。

孟浩然一生不曾踏进官场半步,人生经历相对简单,因此他的诗作最多的就是山水田园诗。加上身处盛唐,性格洒脱,他的诗歌体现了浓郁的自然风情,被称为盛唐山水诗第一人,与王维一起开创了唐朝的"田园诗派"。

投笔从戎的边塞诗人王昌龄

王昌龄(698—757年),字少伯,升州江宁县(今江苏省南京市)人。唐朝著名边塞诗人,有"诗家夫子""七绝圣手"的美名。

王昌龄二十多岁时,受好奇心驱使,离开家乡,前往嵩山学道。"仙人骑白鹿,发短耳何长",这时候的诗作体现了生逢大唐盛世的悠然自得。几年后,王昌龄怀抱着一片赤诚,选择投笔从戎,踏上了出塞之路。

到达塞外后,王昌龄感叹于唐玄宗开疆拓土和锐意进取的决心以及士兵戍边卫国和建功立业的一腔热血,被伟大的时代精神深深感染,创作了多首著名的边塞诗,比如《出塞》《从军行七首》等。边塞的苍凉,戍边的艰辛,跃然纸上。

王昌龄二十九岁时回到京城长安，随后考取了进士，但他的仕途并不顺利，一直没有受到朝廷的重用。几年后，他顺利通过吏部的考试，被任命为汜（sì）水县县尉（类似于县公安局局长）。尽管王昌龄才华横溢，但因为性格豪放，不拘小节，反倒被人诽谤，又遭到贬谪，这才写下"一片冰心在玉壶"抒发心中的郁结。

740年，王昌龄在襄阳（今湖北省襄阳市）与故友孟浩然会面。不久，孟浩然因为旧病过世。王昌龄悲伤不已地离开，却意外地在巴陵（今湖南省岳阳市）遇见了李白。两个人一见如故，饮酒对诗，谈天说地，王昌龄写下一首《巴陵送李十二》记载了这次相识。后来，李白听闻王昌龄被贬官，又特意以一首《闻王昌龄左迁龙标遥有此寄》安慰好友。诗歌成为诗人之间的"鸿雁"，让他们彼此惦念。

"安史之乱"爆发的第三年，王昌龄辗转回乡，途中经过亳（bó）州（今安徽省亳州市），被当地刺史杀害，终年六十岁。王昌龄的一生充满心酸曲折，尽管总是遭遇命运的捉弄，却从未向命运低头，反而心怀赤子之心，一次次挺起骄傲的脊梁。

潦倒半生的情诗高手李商隐

李商隐(约813—约858年),字义山,号玉谿(xī)生,怀州河内县(今河南省沁阳市)人。唐朝著名诗人,与杜牧合称"小李杜"。

李商隐年幼时父亲去世,生活清贫。但他天资聪颖,五岁能诵经书,七岁便能舞文弄墨,十多岁就已经以擅长写古文而闻名,同时还擅长楷书。

后来,李商隐举家搬至洛阳,有幸结识骈(pián)体文大家令狐楚。令狐楚十分赏识李商隐的才华,成为他求学生涯中的伯乐。在令狐楚的关照下,李商隐得以在他幕府中工作,并与其子令(líng)狐绹(táo)成了好友。不久,令狐楚进京任职,李商隐不得不重返故乡,准备科举考试。

837年,缺乏权势背景的李商隐,经过数次考试失败后,终于考中了进士。第二年,泾原节度使王茂元聘请他做幕僚,并将女儿王晏媄(měi)嫁给他。

此时,朝中大臣形成了以牛僧孺为首的牛党与李德裕为首的李党,已经纷争了十多年,史称"牛李党争"。王茂元属于李党,令狐楚父子属于牛党,李商隐的婚姻,使得他背上了背叛恩师和恩主的恶名。身在夹缝求生存,仕途十分不顺。

李商隐在官场深受排挤，曾试图效仿陶渊明，专研田园诗歌。但是，身处纷乱政局中的李商隐，始终关注政治，无法平静地生活。他曾辞官，后来又应邀前往桂林（今广西壮族自治区桂林市）和徐州（今江苏省徐州市）担任幕僚，但时间都不长。

李商隐与王晏媄相敬如宾，然而，由于他长年在外谋生，妻子操持家务，夫妻聚少离多。851年春夏之交，王晏媄病逝，李商隐十分悲痛，为了追念亡妻，他挥墨写下了缠绵悱恻的《锦瑟》。同年冬季，李商隐应邀远赴四川担任幕僚，此时他已经步入晚年，无心追求仕途的成功，是一生中最平淡稳定的时期。几年之后，他回到故乡闲居，在郑州（今河南省郑州市）去世。

李商隐是晚唐乃至整个唐代，极少数刻意追求美的诗人，尤其以爱情为主题的作品，具有朦胧的艺术美感，因而别具一格。

白居易偏爱李商隐的诗，曾经开玩笑说："但愿我死后能投胎做李商隐的儿子。"后来李商隐的长子出生，为其取名为白老。可惜，这个孩子不够聪慧。直到小儿子出生，因其口齿伶俐，冰雪聪明，大家便开玩笑说："若白居易真的投胎到了你家，估计就是你的小儿子。"

经典原文与译文

【原文】帝坐沉香子亭,意有所感,欲得白为乐章,召入,而白已醉,左右以水颒(huì)面,稍解,授笔成文,婉丽精切,无留思。帝爱其才,数宴见。白尝侍帝,醉,使高力士脱靴。力士素贵,耻之,擿(tī)其诗以激杨贵妃,帝欲官白,妃辄(zhé)沮(jǔ)止。——摘自《新唐书·卷二百零二》

【译文】唐玄宗在沉香子亭小坐,内心有所感触,想要李白为他谱写乐章;召他进宫,而李白已经喝醉。身边的侍从用水给他洗脸,他的酒意稍微缓解,拿起笔就写,顷刻之间写成,写得婉转华丽、精当贴切,毫无滞涩。玄宗喜爱他的才华,多次在宴会时召见他。李白曾侍奉皇帝,喝醉了,要高力士替他脱靴。高力士一向尊贵,以此为耻,就挑拣李白的诗句来激怒杨贵妃,玄宗想委任李白官职,杨贵妃总是阻止。

词语积累

白云苍狗：苍，灰白色。天上的浮云一会儿像白衣裳，一会儿变成灰白色的狗。比喻世事变幻无常。

人杰地灵：人杰，才能智力突出的人物；灵，特别好。凡是杰出的人物出生或到过的地方，那里就会成为名胜地区。也指灵秀之地出产优秀人物。

红豆相思：红豆，又叫相思子，古人常用以象征爱情。比喻男女相思。

一片冰心：清洁的心。比喻人具有冰清玉洁、恬静淡泊的性格。

一点灵犀（xī）：灵犀，传说犀牛角中有白色纹路，如线直通两头，相互有感应。犀角上有纹，两头感应通灵。比喻心心相印、心领神会。

外戚列传

《新唐书·外戚列传》共一卷,记载了十几位外戚,本书选取武三思、杨国忠为代表。

● 善于逢迎的武三思

武三思(?—707年),并州文水县(今山西省文水县)人。女皇武则天的侄子,官至宰相。

武三思曾因父亲获罪,被流放到远地,直到姑姑武则天掌管大权后,才被召回京城,受到重用。武三思资质平庸,但在武则天的庇护下,一路高升至兵部、礼部尚书。

690年,武则天称帝,开始大封武姓宗族为王,武三思被封为梁王,并担任宰相。武则天对他很是喜欢和信任,多次亲自到他的府上,给予丰厚的赏赐。

武三思擅长逢迎。当时,武则天宠信薛怀义、张易之、张昌宗等人,这些人深为朝臣所不耻,而武三思却能屈尊

降贵地奉承他们。每次薛怀义骑马出宫，身为宰相的武三思毫不避讳别人的眼光，一会儿帮他扶马鞍，一会儿帮他握缰绳，还不忘叮嘱："薛师傅多加小心！"不知道内情的人，会误以为他是个奴仆。

武三思对张易之、张昌宗兄弟也是百般讨好，不仅盛赞张昌宗有仙人的仪态和气度，甚至引导朝臣写诗赞美他的非凡之姿。若是张氏兄弟骑马，武三思就紧紧尾随马后；若是张氏兄弟坐车，武三思就亲自驾马，挥鞭吆喝。

早年，武则天将太子李显的女儿安乐公主，嫁给了武三思的儿子武崇训，李显和武三思这对姑表兄弟亲上加亲，成了儿女亲家。705年，宰相张谏之拥戴李显在洛阳（今河南省洛阳市）紫薇城发动兵变，逼迫武则天退位，李显继位，是为唐中宗。

唐中宗将武三思看作知己，视为心腹，对他十分信任，武三思更加得宠。中宗为人中庸，缺少帝王的决断，妻子韦皇后则积极参与朝政。武三思对韦皇后阿谀奉承，两股势力成为朝堂上强大的政治力量，左右朝政，大肆残害忠臣。

韦皇后野心勃勃，武三思心怀鬼胎，两人试图联手废黜皇太子李重俊。武三思让儿子怂恿安乐公主，请求中宗册封她为皇太女，以便在将来继承皇位。武三思的一系列行为让李重俊感到了威胁，707年，李重俊调集羽林军，集结对武三思心怀不满的官员，假传圣旨，闯入武三思的府邸（dǐ），杀掉了武三思和武崇训。

武三思死后，中宗为他举哀，甚至废朝五天。唐中宗的弟弟唐睿宗继位后，认为武三思是奸逆之臣，劈开他的棺椁，夷平他的墓地。武三思德不配位，最终自掘坟墓。

祸乱朝纲的杨国忠

杨国忠（？—756年），本名杨钊，河中府永乐县（今山西省永济市）人。武则天宠臣张易之的外甥，杨贵妃的堂兄，官至宰相。

年轻时的杨国忠不学无术，嗜酒好赌，亲戚朋友都很鄙视他。后来发愤参军，表现优异，得以担任小官。堂妹杨玉环得到唐玄宗的恩宠，被册封为贵妃，杨贵妃的三个姐姐因此得势，杨国忠也开始飞黄腾达。因为升迁太快，行为举止散漫，朝中大臣都对他嗤之以鼻。

杨国忠在京城长安立足之后，借助杨氏姐妹得宠的优势，揣度圣意，投其所好，渐渐得到了唐玄宗的信任。玄宗每年十月都会陪同杨贵妃驾临华清池，而杨国忠和三位姐姐的府宅相接，五家人往往列队共同出行，杨国忠在前引路，耀武扬威。玄宗还经常到这几家做客，杨国忠就安

二十四史马上读，语文历史都进步

排好酒宴歌舞、珍馐（xiū）珠宝，令晚年贪图享受的玄宗非常满意。

得到了皇帝的青睐后，杨国忠开始千方百计地巴结权臣李林甫。李林甫因为在册立李亨为太子一事上没有功劳，怕日后会有隐患，开始谋划除掉太子。杨国忠在李林甫的暗示下，先诬陷太子妃的兄长勾结边境统帅，欲立太子为帝，而后诬陷太子的妃嫔及家人，导致数百家被杀。杨国忠借助李林甫的关系，肆意放纵，为非作歹。

751年，玄宗下旨攻打南诏（今云南省大部），杨国忠趁机举荐主将，结果导致全军覆没。贪图军功的杨国忠非但没有据实上报朝廷，反而伪造战功。第二年，李林甫病逝，杨国忠接替他成为首席宰相，开始大权独揽。

两年后，杨国忠又派数万兵马攻打南诏，结果主将受敌引诱，战死沙场，再次战败。杨国忠故技重施，向朝廷上奏了捷报。两攻南诏，损失惨重，杨国忠却置之不顾，朝堂没有一个人敢就此事多嘴。

有一年，唐玄宗安排杨国忠选拔官员，杨国忠在自己的私宅展开了注册、登记、任职等一系列流程，所有事项、名单都决定好之后，叫上相关官员到官署唱名公布，仅一天就完成了所有工作。杨贵妃的三个姐姐坐在珠帘后面，指名道姓地嘲笑来往任职的官员，使得选拔官员这等大事毫无严肃性可言。

事后，奉承杨国忠的人竟然在尚书省南边给他立碑，歌颂他选拔英才的能力。杨国忠由此把握了选官大权，其他部门都插不上话。

后来，胡将安禄山成为玄宗信任的宠臣，他对杨国忠颇为不服，杨国忠便经常向玄宗告状，直指安禄山有谋反之心。玄宗只当这是将相不和，并未放在心上。自此，杨国忠和安禄山开始针尖对麦芒，暗中较劲。

杨国忠任宰相后导致政治腐败，民怨沸腾。安禄山便以讨伐杨国忠为名，发起了叛乱。756年，叛军攻陷潼关（今陕西省渭南市潼关县境内），长安危在旦夕，玄宗仓皇逃往蜀地（今四川省）避难。

行军到达马嵬驿（今陕西省兴平市境内）时，酷暑之下，饥饿疲惫的将士们拒绝前行，太子李亨借机煽动士兵们，称杨国忠是这场叛乱的罪魁祸首。恰好此时，有数名吐蕃使者向杨国忠讨饭吃，被激怒的士兵们立即将他们包围起来，大喊道："杨国忠与吐蕃谋反！"将杨国忠乱刀砍死。

杨国忠利用杨贵妃的关系，官运亨通，平步青云，最终却因为跋扈贪婪，专横擅权，落得千古骂名。

经典原文与译文

【原文】时疾三思奸乱窃国,比司马懿。其忌阻正人特甚,尝曰:"我不知何等名善人,唯与我者殆是哉。"——摘自《新唐书·卷二百零六》

【译文】当时,人们痛恨武三思心术不正、篡夺国家政权,将他比作司马懿。武三思特别忌惮阻挠他的正义之士,曾说:"我不知道什么样的人能叫作好人,唯有顺从我的人大概才是吧。"

奸乱窃国:奸乱,指心术不正,行迹不轨;窃,篡夺。指心术不正,篡夺国家政权。

车马盈门:盈,充满。指车子充满门庭,比喻宾客很多。

新唐书·宦者列传

宦者列传

> 唐玄宗后期,宦官逐渐成为皇帝和官员之间联系的纽带,拉开了宦官专权的序幕,直至葬送唐王朝。《新唐书·宦者列传》共两卷,记载二十余位宦官,本书选取高力士、鱼朝恩为代表。

◆ 忠心侍主的高力士

高力士(684—762年),本名冯元一,祖籍潘州(今广东省高州市),唐朝著名宦官。

高力士小时候因为卷入谋反案,被阉割后送入宫中成为太监。因样貌端正,聪慧机敏,女皇武则天很满意,留他在身边侍奉。高力士为人谨慎,心思缜密,尤其擅长替皇帝传达诏令,得以任官。

几年后,高力士被安排侍奉当时还是临淄王的唐玄宗李隆基,尽心尽力,获得恩宠。玄宗先后平定韦皇后专权、太平公主谋反,高力士都立下功劳,受到封赏。唐玄宗继位后,高力士开始执掌内侍省事务,权倾朝野,风光无两。

唐玄宗宠信宦官,高力士等人的权力也与日俱增,京城最好的宅地、田产和池苑,有一半都属于宦官。高力士的养父母和生母因他得宠而坐享其福,甚至当朝大将军程伯献都与高力士结拜为兄弟。

高力士的生母过世,程伯献悲伤痛哭,身着孝服接待前来吊唁的人,玄宗更是追赠高力士的父亲官职,追封他的母亲越国夫人的封号。后来,高力士娶吕氏为妻,吕氏一族也因高力士享尽荣宠。

高力士深得玄宗信任,但凡朝中奏折,都要先送到高力士手上。若是小事,高力士便可独自定夺。玄宗常常感叹道:"有力士在我左右,我才能安稳地睡觉。"为此,玄宗常常在宫中休憩,很少留宿在其他地方。

有一次,玄宗说:"我已经有近十年没有出过长安城了,如今天下太平,以后我专心休养,把国事交给李林甫,你觉得怎么样?"高力士回答道:"天子顺天而动,古往今来都是如此。天下大权怎么能交给别人呢?倘若臣子的威权变大,以后谁还敢议政?"玄宗听了很不高兴,高力士连忙叩头谢罪说:"小人糊涂无知,胡说八道,罪该万死。"高力士从此回到内宫,不再参与朝廷政事。

唐玄宗广设节度使,边将争功不断。有一次,玄宗对高力士说:"我年事已高,朝廷琐事都交由宰相处理,四周蛮夷若有不恭,都交给藩镇诸将,我不就悠闲了吗?"

高力士忧虑地回答道:"臣无意间得知,有人报告官军在云南多次战败,北边的安禄山凶悍难制,陛下用什么来制服他们呢?臣担心,祸患早就种下了。"玄宗呵止道:"别说了,我会想办法的。"

不久,玄宗见左右无人,又对高力士说:"你说实话,如今形势究竟如何?"高力士坦露道:"自从陛下将大权交给宰相,法令破坏,阴阳失调,国事哪里能再次平安呢?臣之所以沉默不说,是因为时势如此,已经无法挽回了。"玄宗缄默不语。

第二年,胡将安禄山发动"安史之乱",玄宗逃亡蜀地(今四川省)避难,不少官员纷纷投靠安禄山,只有高力士始终不离不弃,一路陪同到达成都(今四川省成都市)。不久,太子李亨登基,是为唐肃宗,遥尊玄宗为太上皇,后来将他接回长安。

760年,高力士因权臣李辅国陷害而被流放。临行前,高力士乞求道:"臣早就该死了,只是承蒙天子哀怜,才能苟活到今日,只愿有生之年,还能再见陛下一面,也就

▼高力士听说唐玄宗驾崩,号啕大哭

死而无憾了。"李辅国不准,高力士抱憾离去。

两年后,高力士遇到大赦,走到朗州(今湖南省常德市),听闻玄宗已经驾崩,面朝长安方向号啕痛哭,而后吐血身亡,终年七十九岁。高力士曾经权力滔天,因忠心护主,数次得到封赏,被誉为"千古贤宦第一人"。

专横跋扈的鱼朝恩

鱼朝恩(722—770年),泸州泸川县(今四川省泸县)人,唐朝中期宦官。

鱼朝恩在唐玄宗末年净身入宫,成为一个小太监。"安史之乱"爆发后,鱼朝恩跟随玄宗出逃,得到侍奉太子李亨的机会,他聪敏狡黠,很快获得李亨信任。不久,李亨称帝,是为唐肃宗。

758年,唐肃宗出兵讨伐叛贼安禄山的儿子安庆绪,当时参与讨伐的九个节度使都是战功卓著之辈,派谁担任统领都不合适,于是选派鱼朝恩监领数十万大军,成为九路大军的最高指挥官。自此,鱼朝恩开始恃宠而骄,走向了弄权之路。

名将郭子仪屡立战功,鱼朝恩很嫉妒,多次向唐肃宗进献谗言,试图挑拨君臣关系。起初,肃宗明察秋毫,没有听信他的话。此后,安庆绪被困相州(今河南省安阳市),鱼朝恩自以为是地干预军务,致使交战失利。

鱼朝恩将战败的原因归咎于郭子仪,这一次,肃宗受谗言蛊惑,将郭子仪调回京师,解除了他所有职务。此后,鱼朝恩多次诬陷郭子仪,屡次得逞,导致这位杰出的军事家毫无用武之地。

唐代宗继位的第二年,吐蕃军队趁长安空虚,出兵进犯,代宗急忙出逃。关键时刻,鱼朝恩率领神策军奉迎,代宗的安全才得到保证。鱼朝恩凭借保驾之功,获得信任,主管护卫皇帝的禁军。

鱼朝恩又善于揣度,深得代宗心意。有一次,代宗想修建佛寺,为皇太后祈福,担心耗资巨大遭到群臣反对。鱼朝恩便拆毁唐玄宗在位时修建的曲江亭馆、华清宫等建筑,又没收被官府使用的房宅,当作修建佛寺的原材料。即便如此,耗费依然巨大,但是此举让代宗非常满意。

随着鱼朝恩越来越骄纵蛮横,很多官员甚至不敢抬眼看他,代宗也开始厌烦他。每当朝廷大臣商议国事,没有事先告知鱼朝恩,他便凶神恶煞地说:"天下大事,怎么能不经由我,就轻易决定?"此后,开始干预国政,贪贿勒索,甚至不将皇帝放在眼中。

770年，曾与鱼朝恩有过节的宰相元载，向代宗密奏请求处死鱼朝恩，代宗默许。不久，适逢寒食节，代宗宴请群臣，等到宴会结束，代宗特意将鱼朝恩留下，责难他图谋不轨，鱼朝恩试图为自己辩白，提前安排的人手早已将他抓获缢（yì）杀。

鱼朝恩曾经到达权力的顶峰，却不懂感恩、专横跋扈，亲手铺垫了一条死亡之路。此后，宦官手握军权、执掌禁军成为常态，逐渐具备废立皇帝的权力，直接导致中唐、晚唐宦官专权的局面。

经典原文与译文

【原文】有袁思艺者，帝亦爱幸，然骄倨甚，士大夫疏畏之，而力士阴巧得人誉。帝初置内侍省监二员，秩三品，以力士、思艺为之。帝幸蜀，思艺遂臣贼，而力士从帝，进齐国公。——摘自《新唐书·卷二百零七》

【译文】有位叫袁思艺的宦官，唐玄宗也宠幸他，然而他十分傲慢不恭，士大夫都疏远惧怕他，而高力士乖巧谨慎，人们都赞誉他。玄宗开始设立内侍省，有内侍监两名，官阶正三品,任命高力士、袁思艺分别担任。玄宗巡幸蜀地,袁思艺于是向安禄山称臣,而高力士跟随玄宗,晋升齐国公的爵位。

力士脱靴:力士,高力士。高力士为李白脱掉靴子。形容文人任性饮酒,不畏权贵,不受拘束。

才兼文武:具有文、武两方面的才能。

新唐书·酷吏列传

酷吏列传

> 酷吏,崇尚严刑峻法的官吏。酷吏列传,便是集中记载酷吏的合传。酷吏都喜欢与权贵豪强作对,大都政绩突出,因而有利于皇帝集权,能有效地稳固皇帝的地位。因此自《史记》开始,就有《酷吏列传》,此后,历代正史都有相关记载。《新唐书·酷吏列传》共一卷,记载了十多位酷吏,本书选取来俊臣、周兴为代表。

● 残暴狠辣的来俊臣

来俊臣(651—697年),雍州万年县(今陕西省西安市)人。武则天时期著名酷吏。

来俊臣的父亲是个无赖赌徒,因此来俊臣从小就性格无常,凶险邪恶,不学无术。因为没有工作,四处游荡,犯下偷盗罪被关进监狱。

来俊臣在监狱中开始恶意告密，时而捕风捉影，时而不着边际，活灵活现地编造谎言，通过无中生有的方式冤枉他人。因为他的诬告完全没有依据，导致法官常常查无实据，但来俊臣依然乐此不疲地告密。担任刺史的东平王李续忍无可忍，对他处以杖责一百。不久，李续因犯事被处死，来俊臣灵机一动，开始编造李续的罪行，声称自己被杖责就是因为揭发李续的罪行，并将这些写成举报信上报。

　　武则天见到举报信，非常高兴，马上接见来俊臣。武则天赞扬来俊臣忠诚，将他提拔为侍御史，专门审理案件。自此，来俊臣开始秉承武则天的心意，制造冤假错案，残害忠良贤臣，一时间，朝廷上下人人自危。

　　来俊臣办理案子，只要不符合他的意图，就对犯人实行株连，从小孩到老人，全家人都不放过，前后杀害了一千多人。来俊臣有一套独特的审案方法，他从来不问犯案缘由，更不问罪行轻重，一律以各种残暴的酷刑对待犯人，最后都能屈打成招，没有一个人能活着走出他的审讯室。来俊臣还制作了十种恐怖的枷具，每种都足以把人折磨得死去活来。嫌犯被他狠辣的名声震慑，只好通过相互诬告保命。为了让亲信们更好地掌握这些技巧，来俊臣根据经验编写了一部《罗织经》，教人如何罗织犯人犯罪的事实和原因。

来俊臣经常通过灭族来威胁犯人，为了诱导犯人主动招供，又奏请武则天下令，只要主动招供，能免于死罪。692年，来俊臣诬告大臣狄仁杰等人，将他们下狱。狄仁杰早就知道来俊臣的手段，等到审讯时，诚恳地说："大周接替唐朝，万事更新。我们都是唐室的旧臣，甘愿服法。反叛乃是事实。"

来俊臣不费吹灰之力让狄仁杰认罪，内心很得意，看管也放松了。狄仁杰趁机向狱卒求得笔砚，将冤情辗转呈送给武则天。武则天看后一头雾水，责问来俊臣："狄仁杰不是已经认罪了吗？为什么还要喊冤？"

此前，来俊臣陷害宰相乐思晦，导致他全家被杀，只有一个九岁的儿子逃过一劫。这个少年求见武则天，揭露来俊臣如何凶残狠辣，掷地有声地说："臣的一家都被来俊臣迫害，臣的命不足为惜，即便死了又有什么关系？臣只是不想陛下受奸臣蛊惑，这实在是有辱陛下的盛名！"武则天这才幡然醒悟，释放了狄仁杰等人。

经此一事，来俊臣并没有收敛，反而狂妄至极地诬告太子和武氏族人，终于引起众怒，共同揭发他的罪行。最终，来俊臣被斩首示众。百姓们对他恨之入骨，纷纷割他的肉泄恨，来俊臣落得尸骨无存的下场。

作恶多端的周兴

周兴（？—691年），雍州长安县（今陕西省西安市）人，武则天时期著名酷吏。

周兴年少时便研读法律，因为能力突出，尤其擅长撰写结构周密、文字严谨的材料，慢慢得到了武则天的赏识。

684年，武则天废除不听话的儿子唐中宗，册立另一个儿子唐睿宗为帝，自己临朝称制，引起名将徐敬业起兵叛乱。此后，武则天疑心朝中有人要背叛她，开始鼓励告密。周兴把握机遇，积极参与其中，有数千人因他告密而死。为了巴结武则天，只要有不顺武则天之意的大臣，不论对方是否功劳卓著，周兴都会不动声色地趁机诬陷。朝堂上下人心惶惶，朝臣们每天入朝之前都要和家人诀别，生怕被周兴冤枉摧残而死。

几年后，唐高宗的哥哥越王李贞父子再次举兵，反对武则天专权。武则天决定从重打击李唐宗室，派周兴负责此事。周兴从唐太宗的弟弟、妹妹开始诬告，整家整家地杀害。不仅如此，周兴还提议剥夺李姓宗室的皇族身份，与武则天的侄子武三思等人陷害李氏皇亲。唐高宗的儿子泽王李上金和许王李素节，便因此而死，他们的儿子不是被流放，就是被杀害。

691年，有人告发周兴与另一位酷吏丘神勣（jì）共同

新唐书·酷吏列传

谋反，武则天派遣来俊臣前去审问。来俊臣在家中备上一桌酒菜，美其名曰要请周兴吃饭。来俊臣在饭桌上装模作样地问道："如果有犯人嘴硬，坚决不肯认罪，这种情况该如何是好呢？"周兴得意扬扬地说："这好办得很，只需把犯人放到一口瓮里，而后架在熊熊烈火上，他一定会招认！"来俊臣立刻照办，而后对周兴说："我奉陛下旨意查问你，请你入瓮吧！"周兴脸色骤变，立刻跪下求饶。

按照律例，周兴原本应该被处死，武则天特意赦免了他，将他流放，周兴在流放途中被仇家杀害。

▼ 来俊臣请君入瓮

二十四史马上读，语文历史都进步

经典原文与译文

【原文】 方俊臣用事，托天官得选者二百余员，及败，有司自首，后责之，对曰："臣乱陛下法，身受戮；忤俊臣，覆臣家。"后赦其罪。——摘自《新唐书·卷二百零九》

【译文】 正值来俊臣跋扈专权，通过吏部官员使两百多人被选拔为官员，等到来俊臣被诛，吏部官员前来自首，武后斥责他，他回答："臣破坏了陛下的法度，只是我一个人被杀；但是臣冒犯了来俊臣，臣的全族都将遭到覆灭。"武后赦免了他的罪。

请君入瓮：瓮，一种口小腹大的陶制坛子。请你进入这个四周在烧火的大瓮。比喻以其人之道还治其人之身，用某人整治别人的办法来对付其本人。

新唐书·藩镇列传

藩镇列传

藩,是指保卫;镇,是指军镇。自唐玄宗起,为了防止边陲异族进犯,设置了防戍的军镇,称为"藩镇",其首领称为节度使。到了唐朝后期,各节度使独立掌管当地的军政大权,形成了藩镇割据,开始与朝廷分庭抗礼。《新唐书·藩镇列传》用五卷记载各藩镇的将领,也反映了唐朝由盛到衰的过程。

● 扭转盛世的藩镇割据

唐朝初年实行均田制,由政府按人口分配土地给农民耕种;发生战争,便从这些农民中挑选战士,从而实现了"兵农合一",这便是府兵制。随着人口繁衍,经济发展,政府无田可分,均田制逐步遭到破坏,而府兵制自然也无法维系。

唐朝初期,凭借强大的国力,在府兵制的支撑下,边疆各族纷纷臣服,建立了疆域广阔的帝国。府兵制瓦解后,政府面临无兵可征的局面。

唐玄宗即位,为了延续唐朝的威严,先后在沿边境地区设置了十个军镇,由军镇自行招募战士,负责防止各族进犯,确保国家安全。

玄宗好大喜功,经常主动进攻,逐渐赋予节度使军政、财政、民政的大权。边将一方面依靠开疆拓土能实现升官

▼ 唐玄宗设置十大军镇,开启了藩镇割据时代

发财，另一方面，招募来的军人受雇于藩镇，兵随将走，将领得以拥兵自重，使得藩镇形同独立王国。有人曾经统计，玄宗晚年，十个藩镇拥兵四十九万，而中央禁军仅十二万，典型的内轻外重。

755年，身兼范阳、平卢、河东三镇节度使的安禄山，联合同乡史思明造反，史称"安史之乱"。为了平定叛乱，朝廷将军镇制度推广到全国，让各地自行守卫。至763年叛乱平定后，唐朝的国力锐减，中央的权威受到极大损害，各地藩镇成为朝廷难以约束的力量。

唐玄宗的儿子肃宗集中精力平定"安史之乱"，忽略了对其他藩镇的制衡。唐肃宗的儿子代宗为了笼络安禄山、史思明的旧部，先后任命降将田承嗣为魏博节度使，李宝臣为成德节度使，李怀仙为卢龙节度使。

这三人名义上归顺朝廷，实际上不服从中央，而代宗采取姑息的态度。因为这三个地方都在唐朝的河北道，又称为"河北三镇"，唐朝正式进入藩镇割据时代。

有一次，唐代宗召见幽州节度使朱泚（cǐ）的弟弟朱滔，问道："你与兄长朱泚相比，谁的才能更高？"朱滔谦逊地回答："论谋略领兵，臣不及兄长。但是，臣今年二十八岁，已经朝见了当朝皇帝，而兄长三十二岁还没能见过陛下。这是臣强过兄长的地方。"代宗闻言很是欢喜。

唐代宗的儿子德宗即位的第三年,恰逢成德节度使李宝臣去世,他的儿子上表请求继承父职。德宗早就意识到藩镇割据的弊端,便拒绝了这个请求,并不惜使用武力镇压不听命的藩镇,以达到削藩的目的。然而,德宗的削藩策略是以藩镇打藩镇,导致其他藩镇的不满。

782年,曾在平定"安史之乱"时立下战功的节度使朱滔、田悦、王武俊和李纳联合造反,并先后自立为王,封赏百官,对抗朝廷,史称"四镇之乱"。随后,淮西节度使李希烈、幽州节度使朱泚先后称帝,天下大乱。

唐德宗见武力削藩引发众怒,便发布罪己诏,改为实施拉拢之策。783年,德宗派人游说王武俊,说:"皇上知道你忠君爱国,你自立为王时,还不忘对身边人说:'我本来也是忠义之臣,只是天子未曾察觉。'皇上听闻格外欣慰,特意派我来转达:'朋友之间有矛盾,做错了事都可以道歉。朕身为四海之王,自然也有宽广的心胸。'希望你仔细斟酌。"王武俊说:"我是个胡人,性格耿直,而且忠义。我本来就想归顺朝廷,倘若皇上下令饶恕我们的罪行,我也无愧于朋友们。假使有人不服从朝廷的命令,我也会奉诏征讨他们。如此一来,我就上无愧于陛下,下不辜负朋友!"

此后，历任唐朝皇帝都对藩镇采取各种措施，希望削弱其实力，而藩镇也想尽办法扩充实力。在此消彼长的抗衡中，中央权威逐渐丧失，藩镇实力越来越强，不但节度使之位可以世袭，还能在境内征税、征兵、任免官员，最终导致了唐朝灭亡及五代之乱。

藩镇割据是唐朝特有的现象，割据状态虽然削弱了中央的权威，但各个割据势力之间保持着均衡实力，从而也维系了唐朝的统治。

在朝廷与藩镇之间拉锯了长达两百年之后，北宋建立，宋太祖进行了一系列的制度安排，才彻底解决了这个问题。

经典原文与译文

【原文】 承嗣沉猜阴贼，不习礼义。既得志，即计户口，重赋敛，历兵缮甲，使老弱耕，壮者在军，不数年，有众十万。又择趫（qiáo）秀强力者万人，号牙兵，自署置官吏，图版税入，皆私有之。——摘自《新唐书·卷二百一十》

【译文】 田承嗣为人深沉猜忌、阴狠残忍，不懂礼仪道义。得志之后，马上统计户口，加重税收，磨砺兵器、修整盔甲，让年老体弱的人从事农耕，年轻力壮的人参加军队，不到几年，拥有部众十万。又选择敏捷出众、强壮有力的战士一万名，号称牙兵，自行任命官吏，地图、户籍、税收，全部私自占有。

铸成大错：错，锉刀，作双关语，借指错误。把金属熔化后倒入模具内铸造成巨大的器物，比喻造成重大且无可挽回的错误。

奸臣列传

> 奸臣，指不忠于君主，弄权施诈的误国之臣。奸臣自古有之，但用合传记载他们的事迹，从《新唐书》开始。《新唐书·奸臣列传》共两卷，记载了十多位奸臣，本书选取李林甫、卢杞为代表。

口蜜腹剑的李林甫

李林甫（683—753年），小字哥奴，祖籍陇西郡狄道县（今甘肃省临洮县），唐朝宗室、宰相。

李林甫的曾祖父是唐高祖的堂弟长平王李书良。李林甫精通音律，入仕较早，但始终在小职务上徘徊，直到四十多岁才接近权力中心。

李林甫生性阴柔，善于权谋，精于算计，与宦官和后妃关系密切，对唐玄宗的一举一动都了如指掌。每次应对玄宗的提问，都能对答如流，由此深得君心。

当时,玄宗宠爱武惠妃和她的儿子寿王李瑁(mào),李林甫便向武惠妃表达忠心,自称会效忠李瑁,并全力保护他。武惠妃深受感动,暗中给予李林甫许多帮助,使他一路官至宰相。

太子李瑛三兄弟因为母亲失宠而心生怨言,武惠妃一心想让李瑁成为太子,便趁机向玄宗报告,玄宗很生气,想要罢黜三子。与宰臣商议,宰相张九龄言辞恳切地劝阻,而李林甫却不动声色。

事后,李林甫主动跟玄宗身边的太监说:"天子的家事,我们这些外人有什么资格讨论?"李林甫此举深得玄宗心意。两年后,玄宗听信李林甫的谗言,将三子废为庶人,不久又将他们赐死。

张九龄擅长写文章,为人正直,而李林甫没有文化,品性奸诈,官员们经常讥讽他才疏学浅,他因此非常嫉妒张九龄。

恰逢唐玄宗想要任命朔方(今宁夏回族自治区灵武市)节度使牛仙客为朝官,张九龄认为牛仙客没有学识,便在上朝时规劝玄宗。李林甫却在私下里议论道:"一个人只要有才识就行了,难道非要满腹经纶才好吗?更何况,天子想要启用的人才,还需要经过臣子同意吗?"

不久,玄宗便以结党为由罢免了张九龄的宰相职务。

李林甫又落井下石加以诬陷，张九龄最终被贬到荆州担任副职。

742年，李适之担任宰相，李林甫为此设置圈套陷害他。有一次，李林甫对李适之说："华山有金矿，开采出来便能充盈国库，皇帝还不知道这件事。"第二天上朝，李适之便向玄宗汇报此事，玄宗立刻向李林甫征询意见。

李林甫振振有词地说："臣早就知道这件事，但是华山是陛下的本命山，是王气所在之地，不适宜开凿，因此没有跟陛下汇报。"玄宗听后，认为李适之考虑事情不够周到，生气地斥责他说："以后你再奏请事情，记得先和李林甫商议，不要再擅作主张了！"从此越发疏远李适之。

李林甫工于心计，专权霸道，不希望有才能的人替代自己。有一次，唐玄宗下诏遍求天下有才之士，李林甫担心他们会说自己的坏话，便告诉玄宗："这些士子很多都出身卑贱，为免他们胡言乱语惊了圣驾，不如让各郡县遴（lín）选出色的人才，最后将优秀者送入京城。"这些人经过层层筛选来到京城，李林甫亲自考核，将所有士子全部阻遏住，向玄宗汇报道："恭贺皇上，民间再无遗漏的人才！"后世便用"野无遗贤"嘲讽李林甫的小肚鸡肠。

▲ 李林甫向唐玄宗奏报"野无遗贤"

　　李林甫身居宰相之位十九年,独揽大权,朝堂噤若寒蝉。杨贵妃的哥哥杨国忠得到玄宗宠信后,李林甫的地位逐渐受到威胁,两个人暗中争权数载。直到李林甫年迈生病,才对杨国忠心生忌惮。

　　753年,李林甫因病过世。杨国忠马上联合胡将安禄山,诬告李林甫与叛将阿不思同谋造反。玄宗大怒,削去李林甫的官爵,抄没家产,儿子流放,亲眷贬官,以庶人之礼下葬。

　　李林甫死后两年,他极力重用的胡将安禄山举兵造反。

李林甫因此被认作是唐朝由盛转衰的关键人物之一。

善于藏奸的卢杞

卢杞（？—785年），字子良，滑州灵昌县（今河南省滑县）人。唐朝著名奸相。

卢杞的祖父曾经担任宰相，他凭借恩荫得以入仕，口才了得，只是相貌奇丑。有一次，卢杞去名将郭子仪府上拜访，郭子仪连忙遣退女眷。

事后，家人问郭子仪原因，他说："卢杞不仅容貌丑陋，内心也阴毒狠辣。万一家中的侍妾取笑他的模样，将来他如果大权在握，一定会报复我们家族。"

卢杞刚进入官场时衣着朴素，众人都说他有祖辈的风采，一定会成为一代名臣。后来，卢杞做了虢（guó）州（今河南省西部）刺史，上书唐肃宗称："虢州有三千头官猪，影响了当地居民的生活，反倒成了祸患。"肃宗让卢杞将猪送往别处，卢杞说："无论送去哪里，住着的都是陛下的子民。臣建议，不如将它们宰杀，赏赐给平民百姓吧！"肃宗认为卢杞胸怀宽广，有宰相之才，从此对他委以重任。

卢杞得势后，开始凶相毕现，但凡有人冒犯他，不置对方于死地，绝不罢休。宰相杨炎颇有才干，便有些看不起卢杞，卢杞因此怀恨在心，利用杨炎的失误，屡屡陷害他，德宗由此更加厌恶杨炎，将他贬为崖州（今海南省三亚市）司马，杨炎最终死在赴任路上。

卢杞专权后，嫉妒名臣颜真卿。颜真卿只好对卢杞说："我这个人性情急躁，经常被小人记恨，多次遭遇贬官。如今我已经年迈，还希望相公能庇佑。当年相公父亲的头颅被送回，脸上沾满了鲜血，我不忍心用衣袖去擦，而用舌头舔干净，相公又怎么忍心对我如此呢？"卢杞虽然惶恐下拜，但内心怀恨。

不久，叛将李希烈攻陷汝州（今河南省汝州市），卢杞便向唐德宗建议由年逾古稀的颜真卿去送皇帝的诏书，传达朝廷旨意。朝臣们听闻后，无不为颜真卿担忧。后来，颜真卿到达李希烈处，被百般恐吓（hè），而他面不改色，不肯投降，最终被叛军缢（yì）杀。

卢杞不仅妒贤嫉能，残害忠良，而且还荼毒百姓。当时连年征战，导致国库空虚。卢杞规定，商人只允许保留一千万钱，多余的全部上缴国库。各地商人为了交钱，只好变卖产业，甚至借高利贷，由此引发商业大萧条，长安城的店铺纷纷倒闭，京城民众生活不得安宁。没多久，卢杞又增加间架税这种重复性征税形式，主管官吏趁机营私舞弊，中饱私囊，导致怨声载道。

后来，功勋卓著的朔方节度使李怀光多次揭露卢杞的罪行。唐德宗为了安抚他，不得已将卢杞贬为新州（今广东省新兴县）司马，而卢杞却对他人说："我以后一定还会再回京城做宰相！"

不久，唐德宗想要重用卢杞，遭到谏臣的集体反对，德宗问道："你们都说卢杞奸邪，为何我却不知道呢？"宰相李勉回答道："卢杞奸邪，天下人都知道。唯有陛下不知道，这正是他奸邪之处啊！"

于是，德宗又将卢杞贬到澧（lǐ）州（今湖南省常德市）。785年，工于心计的卢杞自尝恶果，最终死于澧州。

经典原文与译文

【原文】补阙杜璡（jìn）再上书言政事，斥为下邽（guī）令。因以语动其余曰："明主在上，群臣将顺不暇，亦何所论？君等独不见立仗马乎，终日无声，而饫（yù）三品刍（chú）豆；一鸣，则黜之矣。后虽欲不鸣，得乎？"由是谏争路绝。——摘自《新唐书·卷二百二十三（上）》

【译文】补阙杜琎两次上书进言政事,李林甫将他贬斥为下邽县县令。趁机威胁其他人说:"明主在上,我们当臣子的顺着皇帝的心意还来不及,还要议论些什么呢?你们难道没见过在仪仗队里的马吗,整天默不作声,能得到三品饲料;一旦嘶鸣,就被逐出队伍了。以后即使想不叫,还有机会吗?"从此,朝堂谏言之路断绝。

口蜜腹剑:蜜,甜蜜;腹,肚子。嘴巴说得好听,而内心险恶,随时想陷害人。

一雕双兔:雕,一种猛禽。三人同时身居显赫地位,一人势头强盛,另外两人受他挟制。

千夫所指:千夫,很多人;指,指责。被众人指责,形容触犯众怒。

逆臣列传

> 逆臣，指造反的大臣。历朝历代都不乏逆臣，《晋书》就用三卷篇幅记载两晋的逆臣，到《新唐书》便专门冠以"逆臣"之名，设为合传。《新唐书·逆臣列传》共三卷，记载了十余位逆臣，本书选取安禄山、史思明、黄巢为代表。

● 安史之乱的罪魁祸首安禄山

安禄山（703—757年），粟特族，本姓康，字轧荦（luò）山，营州柳城县（今辽宁省朝阳市）人。唐朝中期的节度使、叛臣，伪燕开国皇帝。

安禄山自幼父亲亡故，与母亲相依为命。后来，母亲带着他改嫁安延偃（yǎn），他便改姓安。十多岁时，离家独自闯荡，精通六国语言，做了为商人居中协商价格的牙人。

安禄山偷羊被抓，幽州（今北京市、天津市一带）节度使张守珪（guī）抓住他，准备乱棍打死，安禄山大喊道："大人难道不想消灭两个蕃族吗？为什么要打死我！"张守珪见他豪言壮语，便释放了他，让他与同乡史思明一起对付边境的少数民族侵扰。安禄山连连立功，骁勇善战，被张守珪收为义子，开始不断升官。

安禄山机灵聪明，当上地方大员之后，大肆贿赂来往官员，求他们在唐玄宗面前为自己美言。742年，玄宗在平卢（今河北省东部、辽宁省南部）设置节度使，安禄山顺利任职，得到朝廷议事的资格，更加得到了玄宗的信任。

后来，玄宗宠信的朝臣，包括宰相李林甫在内，都为安禄山说好话，使得玄宗对安禄山的好感与日俱增。安禄山很快又兼任范阳（即幽州）节度使。

安禄山体重有三百斤，走路时需要用双肩带动硕大的身体，才能挪得动脚步。可是，安禄山为玄宗表演胡舞，却动作疾速，身轻如燕，每次都能讨得玄宗欢心。

安禄山知道玄宗宠爱杨贵妃，便主动请求做贵妃的养子。每次安禄山进宫，一定先向杨贵妃请安。玄宗为此深感好奇，便询问原因，他说："臣是胡人，按照胡人的规矩，母亲的地位应在父亲之前！"安禄山的解释让玄宗喜笑颜

▲ 安禄山为唐玄宗杨贵妃表演胡舞

开,于是让杨家的孩子与安禄山结为兄弟姐妹。

　　有了唐玄宗和杨贵妃做后盾,安禄山的官场之路平步青云,他请求担任河东(今山西省大部)节度使,玄宗同意。自此,安禄山身兼平卢、范阳、河东三镇节度,野心开始膨胀,暗中准备叛乱。他在范阳(今河北省保定市)城北筑起防御城墙,储存兵器和粮草,囤积的战马将近一万五千匹,牛羊也相当于这个数目,狼子野心昭然若揭。

　　当时,杨贵妃的哥哥杨国忠多次向唐玄宗说安禄山会叛乱,玄宗派出官员前去侦察。官员接受了贿赂,报告说安禄山忠君爱国。

杨国忠不死心，又对玄宗说："陛下如果召安禄山进京，他一定不敢来。"玄宗便召见安禄山，安禄山竟然真的来了。自此，玄宗无条件信任安禄山，一再给他高官厚禄。倘若再有人说安禄山有反心，玄宗甚至将告状的人捆绑了送到安禄山面前。

755年，唐玄宗再次召安禄山进京，他以生病为由推脱。同年十一月，安禄山在范阳起兵，诈称奉玄宗旨意讨伐逆贼杨国忠，随后率领十五万兵马，星夜兼程，向京城挺进。

听到安禄山造反的消息，玄宗感到难以置信，然而事实胜于雄辩，朝廷上下习惯了太平日子，根本不知道如何应战。安禄山一路势如破竹，守城将领丢盔弃甲，玄宗只能仓皇向蜀地（今四川省）逃亡。天下顿时大乱，饿殍（piǎo）满地，尸横遍野，盛唐的荣耀自此终结，这就是著名的"安史之乱"。

756年，安禄山在洛阳自称雄武皇帝，国号大燕。安禄山因为肥胖，身上常年长着毒疮，称帝后不久眼睛也逐渐失明。身体每况愈下，脾气也愈发暴躁，动辄处罚身边的大臣，许多人开始对他心生不满。安禄山晚年尤其宠爱小儿子，引得大儿子安庆绪怨恨。757年春节，安庆绪指使宦官李猪儿亲手杀了安禄山。

"安史之乱"让社会遭受到空前的浩劫，经济严重受创，百姓流离失所，削弱了唐朝的中央集权，导致了藩镇割据，繁华的盛唐一去不复返。

安史之乱的叛军首领史思明

史思明（703—761年），突厥族，字崒（zú）干，宁夷州（今辽宁省朝阳市）人。唐朝中期的节度使、叛臣，"安史之乱"的元凶之一。

史思明与安禄山是同乡，自幼便是玩伴。史思明长得其貌不扬，精通六国语言，与安禄山共同谋生，人生轨迹极其相似。安禄山受到唐玄宗重用，担任平卢节度使后，史思明也得到入朝觐见的机会。

玄宗见他颇有军事才能，便关切地问他的年龄，史思明回答："臣已经四十岁了。"玄宗拍拍他的肩膀说道："你还年轻得很，显贵的日子在后头，加油干吧！"从此，史思明得到重用。

755年，安禄山叛乱，命令史思明征讨各地，史思明一路势如破竹，成为安禄山最强有力的后盾。凡是史思明的军队路过的地方，都纵容士兵烧杀抢掠，使士兵们越发亢奋，作战日益凶猛。

安禄山死后,史思明被安禄山的儿子安庆绪任命为妫(guī)川郡王、范阳节度使。此后,安庆绪源源不断地将掠夺来的金银珠宝安置在范阳。史思明眼见宝物堆积如山,想要将范阳据为己有,不想再听命于安庆绪。

有一次,史思明的部下劝他道:"过去将军一直为安氏效力,只是迫于他们的势力而已。如今,唐朝皇帝贤明爱才,如果将军可以带着众将士归顺朝廷,便可以转危为安,何乐而不为呢?"其他部下随声附和:"唐朝复兴,安庆绪的政权一定无法长久,将军何必陪着他送死呢?倘若现在归顺朝廷,便能洗掉叛逆的罪名。"史思明深感赞同,于是归顺朝廷,得到肃宗的封赏,并命他讨伐安庆绪。

史思明一边假意归降,一边招兵买马。肃宗对此有所警觉,派人监视他。史思明自知朝廷并不信任自己,也准备再次反叛。

不久,肃宗派出大军讨伐安庆绪,安庆绪拼死抵抗。唐军缺乏统一的指挥,屡屡无功,史思明趁机攻袭并击退唐军。安庆绪在众人劝说下,给史思明上表,愿意俯首称臣。史思明回复:"愿为兄弟之国,称臣之事决不能接受。"安庆绪大受感动,率领部众来到史思明军营,史思明这才揭下面具,怒斥他道:"你身为人子,竟然杀父篡位,实在是天理难容！今天我就替天行道，讨伐你这个逆贼！"说罢便杀了安庆绪，而后自称大燕应天皇帝。

此后两年，史思明率部与唐军交战，互有胜负。史思明宠幸幼子，常有立小儿子为太子的念头，身为大儿子的史朝（cháo）义深感不安。

恰逢史朝义兵败，史思明口不择言地训斥他道："你敢违抗我的命令吗？待我得胜归来，一定杀了你这个家贼！"史朝义的部下闻言，对他说："如今我等已是死到临头，不如商议下废立君王的大事。若将军不能痛下杀手，我们也不再追随，只能投靠朝廷，换得一线生机！"史朝义被众人说服。

761年三月，史朝义的部下发动兵变，生擒史思明后将他勒死。史思明终年五十九岁。第二年，史朝义兵败被杀，长达八年的"安史之乱"彻底被平定。

农民起义的领袖黄巢

黄巢（820—884年），曹州冤句县（今山东省菏泽市）人。唐朝末年农民起义领袖，大齐开国皇帝。

黄巢出身于盐商世家，文能写诗，武能骑射。五岁那年，他父亲与祖父以"菊花"对诗连句，黄巢脱口而出："堪于百花为总首,自然天赐赭黄衣。"

长大后,黄巢连续多次参加科举考试,但都没有考中,于是愤恨地写下《不第后赋菊》之诗说:"冲天香阵透长安,满城尽带黄金甲。"回家后,他继承祖业,成为盐帮首领。

唐朝末年,全国各地水灾、旱灾不断,百姓民不聊生。874年,私盐贩子王仙芝聚众数千人,揭竿而起。第二年,黄巢率领各位子侄集聚数千人响应。王仙芝的义军队伍不断壮大,很快聚集了数十万兵马。

义军转战各地一年多之后,王仙芝攻至黄州(今湖北省黄冈市),当地刺史自知不敌,答应为他上表求官,双方罢兵。随后,唐僖(xī)宗果然给王仙芝封了官,王仙芝很心动,决定接受朝廷的官职。没有得到封赏的黄巢对此极度不满,极力阻止王仙芝归降。最终,两个人分道扬镳。

877年,王仙芝战死,黄巢被推举为义军首领,号称"冲天大将军",从此自立为王,继续转战各地。

当时,军中盛传:"遇到儒者就杀,军队必将覆灭。"黄巢的义军进入福建(今福建省大部)后,抓到俘虏,只要自称为儒者,一律释放。有一天,义军经过一户人家门前,便说:"这是读书人家,千万不能烧,赶紧灭掉火把!"

880年,黄巢一路攻打至洛阳,顺利进入长安。唐僖

▲ 黄巢坐着金色辇车进入长安

宗束手无策,匆忙逃离京城长安,甚至文武百官及皇室子弟、嫔妃都不知道皇帝的去向。

黄巢坐着金色辇车,浩浩荡荡地招摇过市,引得长安市民争相来看。黄巢命人告知百姓:"黄王起兵正是为了天下百姓,大家无须恐慌。"此后,义军但凡看到贫民,都会大方地施舍。

不久,黄巢登上皇帝宝座,建立国号"大齐",并大赦天下。大齐的义军本就是农民,尤其憎恨唐朝宗室和公卿士族,对他们展开了疯狂的屠戮。

起义之初,黄巢便提出了"均平"思想,深刻反映了农民阶级对贫富不均现象的深恶痛绝,以及对力求改变不合理社会现实的渴望。建立政权后,这位草莽皇帝还首创了高层换届制度和四相制,体现出了他远大的政治抱负。

881年,唐僖宗诏令各方节度使讨伐黄巢,黄巢随即退出长安,继续转战各地。第二年,黄巢的得力干将朱温投降唐朝,黄巢率军又坚持了两年,在重重围剿下,最终被伏杀。至此,这场声势浩大的农民军起义宣告结束。

黄巢起义以流动作战的方式,转战十二个省,坚持了十年时间,狠狠打击了封建门阀势力和唐朝的统治,使唐朝彻底走向名存实亡。二十三年后,深陷藩镇割据的唐朝被朱温建立的后梁取代。

经典原文与译文

【原文】张守珪节度幽州,禄山盗羊而获,守珪将杀之,呼曰:"公不欲灭两蕃邪?何杀我?"守珪壮其语,又见伟而皙,释之,与史思明俱为捉生。知山川水泉处,尝以五骑禽契丹数十人,守珪异之,稍益其兵,有讨辄克,

拔为偏将。——摘自《新唐书·卷二百二十五（上）》

【译文】张守珪担任幽州节度使，安禄山偷羊被抓住，张守珪准备处死他，安禄山高声大叫说："你难道不想消灭两个蕃族吗？为什么要打死我？"张守珪认为他的话豪壮，又见他身材伟岸白皙，释放了他，命令他与史思明一起担任捉生将。安禄山熟悉山川地形和泉水所在地，曾经带领五名骑兵擒获数十个契丹人，张守珪感到惊奇，慢慢增加他的部众，安禄山凡征讨之地都能攻克，被提拔为偏将。

词语积累

奇禽异物：禽，鸟类。指珍奇的鸟类，罕见的事物。

亡命之徒：徒，人，多指坏人。指逃亡在外的人；也指冒险犯法、不顾性命的人。

旧五代史

《旧五代史》由北宋史学家薛居正主持监修，原名《五代史》，又名《梁唐晋汉周书》，后世为区别于欧阳修的《新五代史》，改称《旧五代史》。全书共一百五十卷，包括本纪六十一卷，志十二卷，传七十七卷，没有表，是记录五代十国及当时各民族的纪传体断代史。《旧五代史》记录从梁太祖朱温代唐称帝到北宋王朝建立（907—960年），共五十三年的史事。《旧五代史》以中原地区五个王朝的兴衰为主线，以周边地区的十国和少数民族发展为副线，较好地展现了半个多世纪的历史面貌。

薛居正

薛居正（912—981年），字子平，开封府浚仪县（今河南省开封市）人。北宋宰相、史学家。

薛居正年少机敏聪慧，热爱学习，志向高远。长大后容貌伟岸，孝顺善良，生活节俭。二十四岁考中进士，历仕后晋、后汉、后周、北宋四朝。972年，宋太祖命令他监修《国史》及《五代史》，第二年，担任宰相，并修完《五代史》。981年，薛居正因服用丹砂中毒去世，享年七十岁。

旧五代史·后梁太祖本纪

后梁太祖本纪

> 朱温（852—912年），宋州砀（dàng）山县（今安徽省砀山县）人。唐僖宗赐名朱全忠，称帝后改名朱晃，后梁开国皇帝。死后庙号太祖。

终结唐朝的乱世枭雄

朱温的父亲在乡里教书，有一定的社会地位，父亲病故后，家境贫寒，兄弟三人与母亲以当佣工为生。

朱温从小就自命不凡，性格凶猛强悍，不安于正经工作，同乡人都不喜欢他。时值唐朝末年，各地连年灾祸，盗匪层出不穷，百姓们纷纷揭竿而起。

875年，盐商黄巢在曹州、濮（pú）州（同属今山东省菏泽市）起义，短时间就聚集了几万人，造成了很大的声势。第三年，朱温辞别家人，加入义军，逐渐积累下军功。又过了三年，黄巢义军攻下唐王朝的京城长安，朱温已经成长为独当一面的将领，频频击败唐军。

随后，唐僖宗逃亡蜀地（今四川省），下诏各藩镇会师征讨义军。面对来势汹汹的唐兵，朱温不敌，多次请求支援，而义军中尉隐瞒不报。

朱温的部将谢瞳（tóng）提醒道："黄巢起兵于民间，趁着唐朝衰败，想要取而代之，但他不是能成就大业的霸主，不宜共事。如今，天子就在蜀地，振臂一呼，各个藩镇群起而响应，说明唐朝气数未尽啊！"朱温觉得有道理，就归降了朝廷。

唐僖宗接到朱温投降的奏报，喜出望外，马上封赏官职，并赐名"全忠"。883年，朱温担任汴州刺史、宣武军节度使（同属今河南省开封市）。自此，汴州成为朱温的大本营。

不久，唐军打败义军，黄巢撤出京城，又占领了陈州（河南省周口市），唐僖宗让朱温前去解围。陈州各处都有义军，朱温历经数十场战斗，最终一一击破，攻入陈州。

次年，朱温与河东（今山西省大部）节度使李克用会师，一路围剿义军，黄巢最终兵败身死，朱温再次提升官爵。黄巢起义虽然失败，但彻底瓦解了唐朝统治，各地藩镇开始频繁造反，公开违抗朝廷。

攻打黄巢时，李克用经过汴州，朱温设宴款待他。李克用喝醉后发脾气，得罪了朱温。当晚，朱温便派兵袭击他。幸而李克用越墙逃走，而后状告到朝廷，唐僖宗极力劝双方和解，但没有处罚朱温。自此，两人结下仇怨。

陈州刚刚平定，光州（今河南省潢川县）刺史秦宗权又纵兵抢劫，一路攻打至汴州。朱温一边招募兵卒，一边请求援助。不久，援军赶到，朱温大奏乐曲、设宴款待，中途以出恭为由，派出兵马偷袭秦宗权的部将张晊（zhì）。因为朱温军中一直传出阵阵鼓乐，张晊根本没料到会被偷袭，最终大败，损兵数万。

秦宗权率军连夜逃跑，但依然为祸一方，搞得到处人心惶惶。三年后，秦宗权又让张晊回攻汴州。朱温闻讯，派淄（zī）州（今山东省淄川县）刺史朱珍率部跟踪，提醒他说：“张晊如果看到我们的大军，一定会停止不前。一旦你们发现他们停了下来，一定要迅速返回，千万不要交战。”

朱温又让朱珍带领部将隐藏在树林之间，亲自率部埋伏。张晊被朱珍层层诱击，兵败而归，最后被秦宗权斩杀。不久，唐僖宗赏赐朱温铁券和德功碑，表彰他的功劳。

唐僖宗的弟弟唐昭宗继位后，朱温最终平定了秦宗权之乱，又继续东征西讨，势力范围逐步扩大到河北、山东一带。

900年，唐昭宗被宦官软禁，朱温前去营救，昭宗得以复位。两年后，昭宗又被宦官挟持，仍是在朱温搭救下，被迎接回宫。朱温亲自为皇帝牵马，边哭边行进几十里路才停下，沿途的人都认为他是忠臣。而后，朱温杀掉七百名宦官，彻底铲除了唐朝中期以来长期专权的宦官势力，自己进爵梁王，而昭宗彻底沦为傀儡。

▼ 朱温亲自为唐昭宗牵马

904年，朱温将唐昭宗接到洛阳，各地藩镇见朱温挟天子以令诸侯，都以兴复唐室为名，讨伐朱温。朱温决定亲自征讨，为了防止昭宗有所行动，派人弑杀了他，立昭宗的儿子李柷（chù）为帝，是为唐哀帝。

朱温认为朝廷众臣中，还有不少人忠于唐室，必须彻底铲除，于是将他们投入滚滚黄河，唐朝至此完全失去了统治基础。朱温自以为国事尽在掌握，于907年逼迫唐哀帝禅位，正式称帝，国号大梁，升汴州为开封府，建为东都。泱泱大唐自此终结。

912年，朱温想要传位于养子朱友文，亲生儿子朱友珪得知后惶恐不已，率军攻入皇宫，弑父篡位。十二年后，后梁被李克用的儿子灭国。

经典原文与译文

【原文】唐僖宗乾符中，关东荐饥，群贼啸聚。黄巢因之，起于曹、濮，饥民愿附者凡数万。帝乃辞崇家，与仲兄存俱入巢军，以力战屡捷，得补为队长。——摘自《旧五代史·卷一》

【译文】唐僖宗乾符年间,关东地区连年饥荒,成群的盗贼呼啸相聚。黄巢趁这个机会,崛起于曹州、濮州,自愿追随的饥民共有数万人。梁太祖朱温于是辞别刘崇家,跟他的二哥朱存一同投入黄巢军中,因为奋勇战斗多次获胜,得以补任队长。

且泣且行:且,又、并。指一边哭泣,一边前行。

短兵相接:短兵,刀剑等短兵器;接,交战。指作战时近距离搏斗。比喻双方面对面地进行尖锐的斗争。

王彦章列传

> 王彦章（863—923年），字贤明，郓（yùn）州寿张县（今山东省梁山县）人。五代时期后梁名将。

宁死不屈的忠贞悍将

王彦章年轻时参加朱温的军队，成为一名军卒。他善于奔跑，可以赤脚在荆棘中行走一百步；力气很大，能举起普通人无法举起的重物；打仗勇猛，经常手握铁枪冲锋陷阵，得了个外号叫"王铁枪"。

王彦章跟随朱温四处征战，立下赫赫战功；朱温称帝后，王彦章获得重用。913年，朱温的儿子梁末帝朱友贞继位，继续给王彦章加官晋爵。

唐朝灭亡之后，分裂局面愈演愈烈。后梁虽然已经建立了六七年，但也仅占据中原地区，四周都分布着敌国。而后梁最大的对手，就是北方的晋国。距离晋国不远的魏州（今河北省南部、山东省北部），其前身便是唐朝最早割据、实力最强的魏博军镇，当地人以剽悍难制著称。

915年，后梁朝廷决定将魏州分割为两镇，为了防止魏州人造反，派遣王彦章屯兵驻守，以防止突发情况。不久，魏州人果然在深夜进攻王彦章，王彦章不敌，率军南逃，全家被俘虏。魏州人投降晋国，派使者招降王彦章，王彦章马上斩杀使者，表达不肯归降的决心。晋国敬重王彦章，更加善待他的家属。

此后几年，晋国不断进攻后梁，王彦章屡屡担任先锋迎战晋军。因为梁末帝昏庸，重用没有能力的赵岩、张汉杰等人，不断疏远有资历的老臣，导致黄河北岸的土地逐渐被蚕食。当时，晋军已经占领黄河北岸，并开始在黄河上设立铁锁，以此截断航道和跨河筑城。王彦章作为资深将领，本有应敌之策，但梁末帝受到蛊惑，不肯采用。

923年，晋军攻占郓（yùn）州（今山东省菏泽市）。郓州距离后梁京城开封（今河南省开封市）不远，消息传来，朝野上下深陷恐慌。宰相敬翔见事态紧急，将一根绳子藏到鞋里，进宫拜见梁末帝，放声痛哭说："先帝夺取天下，不嫌弃臣无能，对臣言听计从。现在强敌当前，陛下却不采纳谏言，臣既然无用，不如死了算了！"说罢，拿出绳子就要勒死自己，梁末帝连忙阻止，问他是否有话要说，

▼王彦章斩杀晋国的使者

敬翔说:"现在事态紧急,只有王彦章才能独当一面。"梁末帝这才重新重用王彦章。

王彦章出兵前,梁末帝问他破敌期限,王彦章胸有成竹地说:"只需要三天。"众臣觉得他说大话,纷纷发笑。王彦章对赵岩、张汉杰等人误国十分痛恨,出征前对人说:"待我得胜归来,必定诛杀奸臣以谢天下。"

王彦章率军出发,两天到达滑州(今河南省滑县)。他表面宴请将士,暗地里派人准备船只,命令六百名士兵拿着巨斧,和冶铁人员一同乘船先行。王彦章故意在宴会上喝酒,然后假装更衣,率领几千名部众进攻。士兵们用火烧锁链,用巨斧斩断浮桥,确实只用了三天,就击败了敌人。随后继续进军,扩大了战果。

赵岩、张汉杰日夜担忧,生怕王彦章得胜回朝后处置自己,便与将领段凝勾结,商量暗害王彦章。段凝让他们将捷报藏起来,并上报朝廷王彦章醉酒轻敌,最终造成战败。赵岩等人依计行事,在梁末帝面前诋毁王彦章,最终导致他被罢免,段凝获得军权。王彦章匆忙赶回京城,向朝廷力证清白,赵岩等人趁机弹劾他不恭敬,命令他回家。

没多久,晋军继续进攻兖(yǎn)州(今山东省济宁市),梁末帝再次派遣王彦章迎战。当时,精兵都在段凝手中,王彦章只有刚招募来的新兵。几次交战下来，王彦章都惨败而归。最后一次交战时，晋军中有人认出了王彦章，嘲讽他说："我当是谁呢，原来是王铁枪啊！"说罢，用长矛刺伤王彦章，俘获了他。

早年，梁太祖朱温和晋王李克用有宿仇，王彦章因而常看不起晋军，嘲讽李克用的儿子李存勖（xù）说："不过是个毛头小子，不足挂齿。"此时，李存勖已经攻下后梁大部分国土，称帝建立了后唐，是为唐庄宗。

庄宗非常欣赏王彦章，十分礼遇，王彦章说："我跟随太祖浴血奋战十多年，如今兵败，此时不死更待何时呢？况且，我受朝廷恩惠，又怎么能侍奉二主？若是这样，我也没有颜面见天下人了。"此后，庄宗亲自探望王彦章，王彦章一心求死，说："我不是贪生怕死之人！"庄宗也知道王彦章誓死不肯投降，于是下令杀了他。王彦章终年六十一岁。

王彦章身为武将，没有文化，但他常说："豹死留皮，人死留名。"他最后以忠魂保住了忠君之名。

经典原文与译文

【原文】彦章性忠勇，有膂（lǚ）力，临阵对敌，奋

不顾身。居尝谓人曰:"李亚子斗鸡小儿,何足顾畏!"初,晋王闻彦章授招讨使,自魏州急赴河上,以备冲突,至则德胜南城已为所拔。晋王尝曰:"此人可畏,当避其锋。"——摘自《旧五代史·卷二十一》

【译文】王彦章性格忠诚勇猛,很有力气,临阵对敌,奋不顾身。他曾对人说:"晋王李亚子只不过是一个会玩斗鸡的小子,哪里值得畏惧!"当初,晋王得知王彦章被授予北面招讨使,从魏州急忙赶到黄河边,以应付他的进攻,到达时,德胜南城早已经被他攻克。晋王曾经说:"这个人令人畏惧,应该避开他的锋芒。"

人死留名:生前建功立业,死后才能留名后世。指应该珍惜自己的荣誉。

后唐庄宗本纪

> 李存勖（xù）（885—926年），沙陀族，本姓朱邪，字亚子，应州金城县（今山西省应县）人。后唐开国皇帝，死后庙号庄宗。

● 五代乱世的天之骄子

李存勖的先祖是西突厥的沙陀部，世代担任酋长。唐德宗时，朱邪家族归降朝廷，拥有万名骑兵，骁勇忠心，善于骑射，号称"沙陀军"。869年，桂州（今广西壮族自治区桂林市）戍边兵卒反叛，朱邪赤心因平叛有功，唐懿（yì）宗赐名李国昌。到了李国昌的儿子李克用时，唐朝走向末路，李克用占据云州（今山西省大同市），开始割据一方。

李克用年少英勇，声名远播，军中人称"李鸦儿"。他麾下的"沙陀军"所向披靡，令敌军闻风丧胆。881年，黄巢起义军攻下京城长安，李克用奉命讨伐，义军看到李克用的军队，惊呼："鸦儿军来了！"

895年，李克用凭借镇压黄巢起义的功劳，被册封为晋王。此后，他与朱温争夺中原霸权，双方对峙了很多年。

李克用的长子李存勖，天资聪敏，胆识过人，精于骑射，文武双全。有一次，李克用得胜归来，设宴听戏时，指着五岁的李存勖说："我已经老了，壮志未酬，这个孩子倒是很奇特，二十年后一定能代替我征战！"

907年，朱温取代唐朝称帝，李克用拒不承认梁朝，朱温派出十万军队进攻晋国境内的潞州（今山西省长治市），双方对峙一年多后，李克用病逝，李存勖继位为晋王，时年二十四岁。

李克用的几个养子都年长，手握军权，不服李存勖，甚至怂恿叔父发动叛乱。李存勖沉着应对，极力争取其他主将的支持，擒杀了反对者。

梁军见李存勖年纪轻轻，而且刚即位便遭到反对，料想他不敢出兵，因此没有设防。908年四月，李存勖亲自率军救援潞州，出其不意大破梁军，彻底解除了潞州之围。

此战之后，晋军声威大振。但李存勖时刻铭记父亲的志向，没有妄自尊大，而是大力整顿军纪，任用贤才，惩治贪腐，打击盗贼，国力提升，百姓归心，初步稳固了政局。

此后三年，梁、晋之间多次大战，晋军屡屡获胜，占领了梁国不少地方。就在此时，李存勖却突然决定停止攻梁。原来，晋国的东部，盘踞着幽州节度使刘守光，如果李存勖南下攻梁，将有后顾之忧。李存勖为了麻痹刘守光，奉表尊他为尚父，刘守光以为李存勖怕自己，更加骄横，悍然称帝。

不久，李存勖出兵讨伐刘守光，刘守光向朱温求救。朱温亲自领兵救援，被李存勖的部将击败，羞愤退兵，不久被儿子朱友珪弑杀。

朱温因为李存勖年轻，一度看不起他。现在见李存勖常胜不败，感慨地说："生儿子就应该生李亚子那样的，李克用虽然死了，就像活着一样。我的儿子跟他的儿子一比，简直如同猪狗一般！"

朱温病重，对侍臣说："我经营天下三十年，竟然让李存勖发展到今天这样强大。这个人志向高远，上天又不肯让我多活几年，等我死了，我的儿子一定不是他的对手，我恐怕也要死无葬身之地了。"

913年，朱温的儿子朱友贞发动政变，杀了哥哥朱友珪后称帝，是为梁末帝。李存勖趁机出兵，一举将幽州节度使下辖领地全部收入囊中，生擒刘守光，彻底解决了后顾之忧。接着发动对后梁的战争，用三年时间将黄河以北绝大部分土地全部占领，李存勖自此名震天下。

923年，在后梁灭亡已成定局的情况下，李存勖在魏州（今河北省邯郸市大名县）称帝。他沿用"唐"为国号，是为后唐庄宗。

此后，唐庄宗集中兵力，打着"为唐复仇"的旗号，全力攻打梁国。梁军节节败退，梁末帝深知亡国难免，自尽身亡，后梁灭亡。各地割据政权见庄宗如此能打，纷纷称臣，愿意成为藩属国。

唐庄宗攻灭后梁，平定四海，实现了父亲的志向，开始志得意满起来。他自幼喜欢戏曲，这时更加宠信伶人。曾有一个伶人被梁军俘虏，另外两个伶人极力相救，得以免死。庄宗因此想任命两位救人的伶人为刺史，谋臣郭崇韬劝阻此事，庄宗虽然认同他的话，但最终还是颁发了任命，理由居然是觉得自己言而无信，不好意思再见那位被救的伶人。消息传出，举军哗然。

唐庄宗选拔官员不看功劳，只看门第高低，造成许多勋旧功臣受到排挤，朝堂上下怨声载道；又猜忌功臣，无

▲ 李存勖宠信伶人

辜诛杀郭崇韬，监视在灭梁之战中立下汗马功劳的名将、父亲的养子李嗣源，逐渐失去了人心。

　　926年，各地频频发生兵变，唐庄宗派遣李嗣源前去平叛。不料，李嗣源的军队在半路哗变，李嗣源被劫持，叛军逼他合作，李嗣源迫于形势，又没有办法自我证明，只好率领叛军进攻京城，竟然得到大批唐军将领的拥戴。

　　庄宗本来已经御驾亲征，见此情形，知道大局无可挽回，仓皇逃回洛阳，在吃饭时遭遇反叛，被流箭射中，终年四十二岁。

后唐庄宗征战一生，军事上少有败绩，身处逆境时能谋善断，使后唐的疆域在五代时期最大，但他缺乏政治眼光，开创帝业后贪图享乐，导致霸业仅维持了两年半，就国破身死，成为后世永远的借鉴。

经典原文与译文

【原文】庄宗好猎，每出，未有不蹂践苗稼。一旦至中牟（mù），围合，忽有县令，忘其姓名，犯围谏曰："大凡有国家者，当视民如赤子，性命所系。陛下以一时之娱，恣其蹂践，使比屋嚣然动沟壑之虑，为民父母，岂其若是耶！"庄宗大怒，以为遭县令所辱，遂叱退，将斩之。——摘自《旧五代史·卷二十七》

【译文】唐庄宗喜好打猎，每次出行，没有不践踏庄稼的。有一天到达中牟县，狩猎圈合围，忽然有个县令，忘了他的姓名，闯进狩猎圈劝谏道："但凡是统治国家的人，应该关心百姓如同婴儿，就像最重要的东西被触碰。

陛下因为贪恋一时的乐趣,恣意践踏庄稼,使得家家户户搅扰不宁,产生辗转沟壑的忧虑,作为百姓的父母,怎么能这样做呢!"庄宗大为愤怒,认为遭到了县令的侮辱,于是喝退他,将要杀了他。

郁郁不得志:郁郁,忧伤的样子。因为自己的抱负志向得不到施展而忧愁苦闷。

郭崇韬列传

> 郭崇韬(约865—926年),字安时,代州雁门县(今山西省代县)人。后唐宰相、名将。

忠君耿谏的肱骨名臣

郭崇韬性格机警,为官清廉,做事干练。唐庄宗李存勖(xù)还是晋王时,郭崇韬相伴左右,职位逐步提升。

唐庄宗很器重郭崇韬,经常与他商讨要事,每逢四处征战,必定让郭崇韬随侍。有一年,庄宗征讨镇州(今河北省正定县),北方的契丹人借口援救镇州,晋军将领见契丹大军压境,感到恐慌,纷纷请求撤退。

郭崇韬见庄宗犹豫不决,说:"契丹人率军南下,肯定是为了财物,而不是真想驰援镇州。我们刚打胜梁军,威震北方,士气正旺盛,应该趁这个机会驱逐契丹,怎么能轻易地退兵呢?"庄宗听从郭崇韬的建议,果然一举击败了契丹人。

923年,唐庄宗称帝后,任命郭崇韬担任兵部尚书、枢密使,开启了对后梁的决战。

唐军和梁军在杨刘城(今山东省东阿县)交战,梁军名将王彦章将唐军包围,战况十分激烈。唐军试图出战,被梁军骑兵伏击,惨败而归。唐军众将都认为,此次灭梁之战恐怕又会无功而返。

庄宗问郭崇韬怎么办,郭崇韬成竹在胸地说:"王彦章把我们围困在这里,是想趁机夺取郓州(今山东省菏泽市)。臣愿意率领几千名兵卒,去黄河南岸建立新渡口。请陛下挑选精兵良将,向王彦章发起进攻,给臣留出筑城的时间,到时候就能两面夹击了。"后来,一切都如郭崇韬所料,王彦章因而大败。

不久,有梁军将领投降唐军,透露梁军将要大举进攻。唐庄宗认为胜负难料,忧虑不已,有将领建议放弃郓州,与梁军讲和,庄宗听后不高兴,问郭崇韬如何做。

郭崇韬说:"陛下南征北战已经十多年,将士们疲于征战,民众转运兵饷不容易。如今已经建立了国号,黄河以北的百姓正翘首以盼,期待天下太平。如果我们放弃郓州,以后谁还能心甘情愿地守护疆土呢?臣已经探知梁军主帅是个无勇无谋的小人,这正是天要亡梁的大好机遇!

▲ 郭崇韬力谏唐庄宗攻灭后梁

请陛下率军从郓州出兵，直捣敌军巢穴。相信不出半个月，天下大事可定！"庄宗高兴地说："这才是大丈夫应该做的事！"说完立即进军，只用了八天就灭掉了梁国。

郭崇韬辅佐唐庄宗灭掉梁国后，便想功成身退，他的儿子劝说道："父亲现在的处境是骑虎难下，位高权重难免遭到怨恨。但倘若失去权势，恐怕会有大祸。"

后来，郭崇韬向庄宗请辞，说："当初，陛下曾经与臣约定：'胜利之后，给你一个军镇享福。'如今天下全部归于陛下，朝廷也不缺少俊杰贤臣，希望陛下能履行诺

旧五代史·郭崇韬列传

言。"庄宗说："我可以给你一个军镇，但不许到任，难道你想离开我去过舒坦的日子吗？"郭崇韬无奈，借机提出不少对于民众有益的建议，都得到应允。

有一年夏天很热，唐庄宗想要建一座避暑的高楼，又担心郭崇韬劝阻，于是感叹说："我富甲天下，难道还不能建一座楼吗？"宦官借机说："郭崇韬舍不得使用国库的钱财，陛下能从他手中得到钱吗？"

庄宗派人对郭崇韬说："过去我常年征战，即便是严寒酷暑，也没有觉得很辛苦。如今安居在深宫之中，为什么常常感觉到闷热呢？"郭崇韬回答："陛下过去心怀天下，如今只关心安逸舒适。臣希望陛下能铭记创业的艰难，这样酷暑也会变得清凉了。"庄宗对此很失望。宦官趁机不断进谗言，构陷郭崇韬。

925年，唐庄宗派儿子魏王李继岌（jí）前去征讨前蜀（今四川省大部），郭崇韬担任副手，独揽军权。占领蜀地之后，郭崇韬又把持当地政务，家中每天都车水马龙，送礼请托的人络绎不绝。李继岌身边的宦官李从袭心中愤恨，多次挑拨李继岌与郭崇韬的关系。

不久，庄宗派宦官向延嗣前来慰劳军队，郭崇韬没有亲自迎接，向延嗣便与李从袭合伙陷害郭崇韬。向延嗣回到京城后，献上蜀地缴获物的登记簿。庄宗问道："都说蜀地富庶,为什么缴获的财物这么少?"向延嗣趁机诬告是郭崇韬拿走了大部分宝物,并且怀有二心,庄宗派人前去调查。

庄宗的皇后刘氏与郭崇韬有矛盾,听说庄宗要调查他,借机发下皇后教令,命李继岌杀掉郭崇韬,郭崇韬就此被杀。郭崇韬的死,也为庄宗的结局埋下了伏笔。

经典原文与译文

【原文】俄拜侍中兼枢密使,及郊礼毕,以崇韬兼领镇、冀州节度使,进封赵郡公,邑二千户,赐铁券,恕十死。崇韬既位极人臣,权倾内外,谋猷献纳,必尽忠规,士族朝伦,颇亦收奖人物,内外翕(xī)然称之。——摘自《旧五代史·卷五十七》

【译文】不久,郭崇韬官拜侍中兼枢密使,等到郊礼结束,任命郭崇韬兼职领任镇州、冀州(均在今河北省南部)节度使,晋升爵位为赵郡公,封邑两千户,赏赐铁券,宽恕十次死罪。郭崇韬位极人臣之后,权倾内外,出谋划策,必然尽力忠诚规劝,对于士族朝官,也经常

收揽奖掖人才,朝廷内外一致称赞他。

体无完肤:完,完好;肤,皮肤。浑身没有一块完好的皮肤。形容遍体是伤。比喻论点被批驳得一无是处,或者文章被删改得面目全非。

无所回避:避,躲避。没有什么需要避开的。形容处事刚直无所避忌。

后晋高祖本纪

> 石敬瑭（892—942年），太原府（今山西省太原市）人。后晋开国皇帝，死后庙号高祖。

● 割地求荣的"儿皇帝"

石敬瑭（táng）为人沉默寡言，持重老成，喜欢研读兵法，很崇拜战国名将李牧、西汉名将周亚夫。

当时还是代州（今山西省忻州市）刺史的后唐明宗李嗣源欣赏他，留在身边重用，并将女儿嫁给了他。石敬瑭善于骑射，后唐庄宗听说后，又将他提拔到身边，李嗣源舍不得，请求庄宗将他调回，视为心腹将领。

有一次，梁军与晋军交战，庄宗被包围，情况十分危急，石敬瑭率领十几名士兵冲入敌阵，成功阻止了敌人的进攻，掩护庄宗撤退。

事后，庄宗赏赐财物后，又亲自送酥食给石敬瑭，以示嘉奖，并夸赞他说："强将手下无弱兵，说的就是你啊！"从此，石敬瑭声名远播。

后唐建立后，庄宗宠信伶人，赏罚不公，导致魏博镇（今山西省、河北省一带）发生兵变，李嗣源奉命前去讨伐，没想到自己的军队也出现哗变。李嗣源担心庄宗以为他要反叛，想要回去解释，石敬瑭劝阻说："大将领兵在外，自己的将士哗变，能脱离干系吗？犹豫不决是兵家大忌，当下应该立即起兵。属下愿意带领三百名骑兵做先锋，率先攻下汴州（今河南省开封市），那么大事可成！"后来，李嗣源顺利攻破京城洛阳，庄宗被杀，李嗣源继位称帝，是为后唐明宗。

933年，明宗病逝，儿子李从厚继位，是为唐闵帝。不久，明宗的养子李从珂发动兵变，杀向洛阳，唐闵帝逃出洛阳，在途中遇上了石敬瑭。石敬瑭认为闵帝没有东山再起的可能，便将他交给了李从珂。李从珂杀掉唐闵帝，自行称帝，是为唐末帝。

唐末帝为了酬答石敬瑭的功劳，任命他为河东（今山西省大部）节度使。河东地区是后唐政权的发祥地和根据地，石敬瑭又有勇有谋，末帝担心他会谋反，将他当作最大的威胁。

石敬瑭在京城参加完唐明宗的葬礼，不敢提回河东任职的事，又害怕唐末帝起疑，内心十分焦虑，竟然因此生病，以至于骨瘦如柴。最后是他的妻子李氏向自己的母亲曹太后求情，末帝才允许他返回河东。

有一次，唐末帝过生日设宴，李氏来京庆贺，想早点回去，不料末帝阴阳怪气地说："这么着急回家，是不是要和石郎造反呀？"从此，石敬瑭开始谋划后路。准备工作做得差不多之后，石敬瑭请求辞去马步兵总管的职务，以此试探唐末帝，没想到末帝马上同意他的请求。

石敬瑭知道自己已经走投无路，马上派出心腹重臣桑维翰出使契丹，向辽太宗求援，并许下承诺：事成之后将燕云十六州（今北京市、天津市及河北省、山西省北部一带）割让给契丹，每年进贡大批财物，并以儿皇帝自称。石敬瑭的亲信将领刘知远极力劝说："可以向契丹称臣，但是以父子相称实在不该，恐怕日后会酿成大祸患，到时候追悔不及。"石敬瑭不以为意，一意孤行。

936年，辽太宗如约领兵南下，后唐自此灭亡。功成后，辽太宗册封石敬瑭为皇帝，国号晋，是为后晋高祖。晋高祖兑现承诺，将燕云十六州拱手相让。

自此，黄河以北的平原地带彻底失去了防护，北方的骑兵可以随意长驱直入。此后四百年间，契丹人、女真人、蒙古人先后南下进犯，中原王朝毫无还手之力。直到明太

旧五代史·后晋高祖本纪

祖北伐元朝,燕云十六州才重新置于汉人的控制之下。

晋高祖对契丹百依百顺,他认辽太宗为"父皇帝",自称"儿皇帝"。每当契丹使臣来访,更是毕恭毕敬,下跪接受辽太宗的诏书。晋高祖的做法,让各藩镇极为不齿,尽管他诚心相待,但各藩镇都不服从。成德(今河北省中部)节度使因为不满高祖的行为,上书斥责他,表示要与契丹一决生死,高祖将他斩杀,首级献给辽太宗。

▼儿皇帝晋高祖

二十四史马上读,语文历史都进步

游牧在雁门(今山西省代县)以北的吐谷(yù)浑部,不肯归降于契丹,最终也选择了叛逃。

晋朝开国不久,国库空虚,百姓贫困,百废待兴。而契丹却贪得无厌,晋高祖忙得焦头烂额,开始大修武备,专注农桑,用来预备供奉契丹的需要。

晚年时,晋高祖猜忌心很重,开始宠信宦官,吏治腐败,朝纲紊乱,各地民怨沸腾。面对刘知远的日益壮大、契丹的不可一世,晋高祖终日忧郁不堪,最终积怨成疾,在屈辱中不甘地死去,终年五十一岁。

晋高祖死后,养子晋少帝即位,但面对的是一个烂摊子。晋少帝不想走父亲的老路,辽太宗大怒,发兵进攻后晋,晋少帝继位仅四年就葬送了晋朝江山,而晋高祖再也没有摘下"儿皇帝"这顶屈辱的帽子。

经典原文与译文

【原文】翌日,宴于中兴殿,帝捧觞上寿,因奏曰:"臣虽微怯,惟边事敢不尽其忠力,但臣远违玉阶,无以时申补报。"帝因再拜告辞,明宗泣下沾衿。左右怪其过伤,果与帝因此为诀,不复相见矣。——摘自《旧五代史·卷

七十五》

【译文】第二天,在中兴殿宴饮,后晋高祖捧着酒杯向唐明宗祝寿,因而奏报说:"臣虽然卑微胆小,唯对边境事务不敢不竭尽自己的忠诚与力量,但臣远离朝廷,没有办法按时申述报答。"高祖因此两次下拜告辞,明宗流泪、浸湿衣襟。身边的侍从对明宗过度伤心感到奇怪,果然与高祖就此永诀,后来不再相见了。

词语积累

沉厚寡言:寡,少。朴实稳重,不爱多说话。

景延广列传

> 景延广（892—947年），字航川，陕州（今河南省三门峡市）人，后晋大臣。

● 晚节不保的托孤之臣

景延广的父亲精于箭术，在父亲的言传身教下，他的箭术越发出众，而且天生臂力过人，能拉开硬弓。

景延广生逢乱世，投身后梁军队谋求前途，先后在两任将领手下任职，最终成为名将王彦章的部下。梁军与唐军在黄河边交战，梁军大败，景延广多处负伤，逃回后梁都城汴州（今河南省开封市）。后梁灭亡后，景延广被唐军收编。

后唐明宗继位，汴州守将不服，被朝廷镇压之后，景延广受到牵连，论罪应当被处死。明宗派自己的女婿石敬瑭处理善后事宜，石敬瑭爱惜景延广的才华，同情他的遭遇，偷偷将他释放，让他做了自己的部将。

▼景延广在父亲的指导下，精于箭术

唐末帝继位后，很猜忌担任节度使的石敬瑭，石敬瑭被迫起兵谋反。景延广感激石敬瑭的知遇之恩，作战勇猛，为后晋政权的巩固立下了赫赫战功。石敬瑭称帝后，景延广被委以重任。他性格谨慎，行事有分寸，深受器重，官职节节攀升。

942年，晋高祖石敬瑭临终前，将养子石重贵托付给景延广。不久，石重贵继位，是为晋少帝。景延广之前长期在军队，从不参与政务，现在从幕后走向台前，开始执掌朝政，一跃成为位高权重的大臣。为高祖发丧时，文武百官前来参加丧礼，景延广不准他们相互交谈，进入宫门时，一律步行。景延广作战勇猛，但缺乏谋略，现在仗着少帝的信任，开始变得骄纵起来。

晋高祖在位时，将契丹皇帝辽太宗认作父亲，自称"儿皇帝"。高祖一死，仍有朝臣赞成继续臣服于契丹，而景延广开始显露出埋藏已久的反契丹思想，他认为当初高祖的举动是万不得已，现在国家经过几年的恢复，国力有所提升，不该再做屈辱的事，既然高祖是"儿皇帝"，那么晋少帝称孙子就行了。于是，景延广派人送给契丹一封简信，通报了晋国帝位的变动，言辞很不恭敬，此举激怒了契丹。

不久，契丹派专使乔荣来晋国了解情况，乔荣本是汉臣，后来投降了契丹。景延广对乔荣的行为十分不耻，现在见

旧五代史·景延广列传

他代表契丹前来问罪,就让他转告辽太宗:"我们的先帝确实是契丹册立的,称臣合情合理。可是现在的新皇帝却是中原自己册立的,向你们称孙已经仁至义尽了,绝对没有再称臣的道理。你们不要小看中原,更不能随意侮辱我们。倘若不服气,尽管放马过来!我们晋国早就准备好了十万口宝剑,如果将来你们不幸被孙子打得落花流水,后悔也来不及了!"乔荣说:"我记性不太好,万一到了契丹忘记你说的怎么办?还请写在纸上吧!"景延广没想到,自己因此中了计。

乔荣回到契丹,添油加醋地汇报了此次遭遇,将景延广写下的文书呈给辽太宗,辽太宗非常生气,准备讨伐晋国。不久,契丹大举进犯,叫嚣道:"景延广不是召我们前来搏杀吗?如今我们来了,他还不快快出来迎战!"

不管契丹如何叫骂,景延广就是按兵不动,一些大臣便私下议论道:"当初与契丹绝交,是何等的英勇豪壮,如今契丹打来了,他的气概又变得这么羸(léi)弱了。"

晋军与契丹交战之时,传来了景延广母亲去世的消息,景延广依然处理军务,不去奔丧。此前,景延广为了巩固权力而打击异己,现在终于引起众怒。一些朝臣抓住机会,弹劾他待母不孝、诬告朝臣等罪名。

宰相桑维翰与景延广向来不和睦,也借机反对他。晋少帝担心景延广权力太大,日后不好控制,于是罢免了他的兵权,让他去洛阳任职。

景延广到地方任职后,成了霜打的茄子,整天郁郁寡欢。他担心晋国无法抗衡契丹的兵锋,自身也不能保全安危,于是终日纵情享受,借酒浇愁,不想着如何为国效忠,又不知反省,开始疯狂敛财,竟然打起了军饷的主意。他的属下劝阻道:"你曾身居高位,既有地位,又有财富。如今国库空虚,正是急于用钱的时候,万不得已才向百姓取财,你怎么忍心如此做呢?"景延广为此羞愧不已。

辽太宗听说景延广在洛阳,下令说:"不管景延广在哪里,哪怕他跑到天涯海角,都要把他抓回来。"景延广自知无处可逃,便主动投降,太宗斥责他说:"两国邦交破坏,导致兵戎相向,这一切都是因你而起!"景延广想要辩解,太宗拿出乔荣让他写下的"证据",最终无话可说。景延广不想承受酷刑折磨,在押送契丹的途中,趁着守卫不备,自尽身亡,终年五十六岁。

经典原文与译文

【原文】延广少时,尝泛洞庭湖,中流阻风,帆裂柂

旧五代史·景延广列传

（duò）折，众大恐。顷之，舟人指波中曰："贤圣来护，此必有贵人矣。"寻获济焉。竟位至将相，非偶然也。——摘自《旧五代史·卷八十八》

【译文】景延广年少时，曾经坐船经过洞庭湖，船到湖中遇上了大风，风帆裂开、舵杆折断，大家都非常恐惧。过了一会儿，驾船的人指着水波说："有贤圣来保护我们，这里一定有贵人。"不久众人渡过了洞庭湖。景延广最终位至将相，并非偶然的事情。

词语积累

横磨剑：又长又大的利剑，比喻精锐善战的士卒。

干城之功：干城，盾牌和城墙，比喻捍卫国家。指捍卫国家的战功。

桑维翰列传

> 桑维翰（898—947年），字国侨，河南府洛阳县人，后晋大臣。

卖国求荣的始作俑者

桑维翰身材矮小，相貌丑陋，脸部很大，但他毫不为意，常常对着镜子感叹道："别人身高七尺有什么用？肯定不如我这种脸长一尺的人。"因此立下了做宰相的宏大志愿。

石敬瑭在后唐担任河阳（今河南省北部）节度使，征召进士出身的桑维翰为幕僚。桑维翰从此追随石敬瑭南征北伐，逐渐成为心腹之人。

石敬瑭受到唐末帝猜忌，生死攸关之时，想要借助契丹的力量反唐。除了桑维翰和担任大将的刘知远支持外，其他人都不敢发表意见。

桑维翰劝说道:"如今主上被朝廷当作反贼,哪怕谢罪也无法保证安稳无虞,只能谋划自保了。契丹皇帝一直与主上的岳父唐明宗约定为兄弟,倘若我们能够委曲求全,将来一旦有紧急情况,契丹军队能很快抵达,也就没有可以担忧的了!"高祖被说服,命令桑维翰亲自草拟求援书。

桑维翰代替石敬瑭拟定条件,契丹帮助石敬瑭登上帝位,石敬瑭割让燕云十六州(今北京市、天津市及河北省、山西省北部一带),并自称"儿皇帝"。刘知远觉得条件太苛刻,但石敬瑭表示赞同。辽太宗收到信后,欣然答应出兵相助。

不久,后唐的幽州(今北京市、天津市)节度使赵德钧也准备贿赂契丹,石敬瑭担心契丹会变卦,急忙派遣桑维翰出使。

桑维翰见到辽太宗后,从夜晚跪到白天,流泪苦苦哀求,表示愿意举全国之力供奉契丹。辽太宗被桑维翰的"诚意"感动,帮助石敬瑭登上了皇帝宝座,并提议由桑维翰出任宰相。自此,桑维翰成为后晋王朝名副其实的肱骨之臣。

后晋建国后,桑维翰作为开国第一功臣,权倾朝野,风光无两。但大多数朝臣都对他嗤之以鼻,对丧权辱国

▲ 桑维翰跪求辽太宗

的外交政策恨之入骨。

　　桑维翰担心骄兵难以控制，建议将大将杨光远调离京城汴梁（今河南省开封市），引起杨光远不满。杨光远随即上书指责桑维翰徇私枉法，任人不当，私自营建商铺，与百姓争利。由于高祖要依靠这些将领，只好将桑维翰贬任相州（今河南省北部）节度使。

　　相州有一个沿袭已久的惯例，倘若家中有一人成为盗匪，就要没收全家的财产。桑维翰认为，这个惯例并没有法律的明文规定，便予以革除。晋高祖马上发布诏令，要求在全国推行。这都是桑维翰的功劳。

941年，成德（今河北省中部）节度使安重荣认为向契丹称臣太过屈辱，提出讨伐契丹。一时间，朝野上下群情激愤。桑维翰得知后，立刻上疏反对，他全面分析了两国国情和国力，认为只有维持与契丹的和平，才有利于晋国的稳定。

桑维翰最后说："臣希望陛下训练兵卒，鼓励农商，一旦国力充裕，再伺机而动，才有胜算。"晋高祖私下对桑维翰说："自从臣服于契丹，我的心里总是愤懑不快，如今细品你的奏章，心中郁结也有所舒缓。"最终没有反叛契丹。

944年，晋高祖的养子石重贵继位，是为晋少帝。不久，桑维翰被调回了京城。当时，掌握大权的大臣景延广主张不再对契丹称臣，引来契丹大举进攻，晋国伤兵折将，损失惨重。桑维翰趁机让人在晋少帝面前进言："制约契丹，安定天下，非桑维翰莫属。"自此，景延广被调离京城，桑维翰重掌大权。

桑维翰只用了几个月时间，将大小国事梳理顺当，然后大肆收受贿赂，引起朝野上下非议。晋少帝想要逐步分解桑维翰的大权，桑维翰竟然在少帝生病期间，建议太后为少帝的弟弟石重睿选择一位老师，悉心教导。少帝怀疑桑维翰有异心，马上罢黜了他的宰相职务。

946年，契丹出兵进攻晋国，桑维翰四处奔走，求见少帝及当权大臣，但都没有结果。契丹占领京城后，桑维翰的侍臣劝他逃跑，他说："我是国家大臣，能逃到什么地方呢？"晋少帝想到自己曾经多次拒绝桑维翰求和契丹的建议，担心契丹会怪罪自己，于是下令大将军张彦泽绞杀桑维翰，向外宣称桑维翰是畏罪自杀。

自此，后晋一代权臣结束了备受争议的一生，纵然他政绩突出，也无法抹掉卖国求荣的丑态。

经典原文与译文

【原文】维翰身短面广，殆非常人，既壮，每对鉴自叹曰："七尺之身，安如一尺之面！"由是慨然有公辅之望。——摘自《旧五代史·卷八十九》

【译文】桑维翰身材矮、脸部大，大概不是一般人，等到壮年，常常对着镜子自我叹息说："别人七尺的身高，哪里比得上我一尺长的脸！"从此慷慨激昂，有担

任宰相的志向。

飞扬跋扈(bá hù)：飞扬，鸷(zhì)鸟展翅高飞；跋扈，大鱼跳跃水面。原指意气风发，举动洒脱，不受常规约束。形容态度蛮横，独断专行，不遵法度。

磨穿铁砚：将铁铸的砚台都磨穿了。比喻学习勤奋，有毅力。

后汉高祖本纪

> 刘知远（895—948年），沙陀族，即位后改名刘暠（hào），太原府太原县（今山西省太原市）人。后汉开国皇帝，死后庙号高祖。

举旗抗辽的逆袭天子

刘知远年轻的时候沉默寡言，严肃持重，面有异相，而且勇猛善战，雄健威武。成年后，恰逢晋王李克用割据一方，刘知远和后晋高祖石敬瑭，都效力于李克用的养子后唐明宗李嗣源。

有一次，刘知远和石敬瑭与敌军对垒，石敬瑭遇到袭击，战马上的装备也被毁坏。刘知远将自己的战马让给石敬瑭，不顾自身安危地断后，救石敬瑭脱离了危险。石敬瑭感念刘知远的救命之恩，将他留在了自己身边。

唐明宗去世前，曾经召石敬瑭赶赴朝廷，恰逢即位不久的闵帝遭遇谋反,被迫逃离京师洛阳,在途中与石敬瑭相遇。闵帝的侍从想要暗害石敬瑭,刘知远知道后,派人秘密保护,并杀死了试图加害的人,石敬瑭再次获救。

唐末帝一直怀疑石敬瑭有异心,在刘知远的劝说下,石敬瑭决心起兵自保。石敬瑭想联合契丹的力量,刘知远表示支持,开始密谋策划,尽心辅佐。跟契丹谈判的时候,石敬瑭决定割让燕云十六州,自称"儿皇帝"。

刘知远认为这些条件太苛刻,提议说:"可以向契丹称臣,称儿子有点太过分了。送点金银珠宝也就算了,割地的话,将会后患无穷。"石敬瑭不听,最终导致中原地区门户大开,无险可守。

契丹帮助石敬瑭消灭后唐之后,契丹皇帝辽太宗与石敬瑭分别时,指着刘知远说:"这位军将作战勇猛,如果他将来没有什么大过错,不要轻易放弃。"

此后,刘知远凭借自身的军政才能和辅佐建国的功劳,职务不断上升,地位日趋显贵。

942年,晋高祖病故,养子晋少帝继位,不愿再向契丹称臣,直接引发了两国交战。刘知远意识到危险临近,开始谋划称霸河东(今山西省中部、北部),成就王业,便对朝廷的诏令半推半就,时而不服从调遣,时而进攻契丹。

第二年正月,契丹攻占京城汴梁,晋少帝被俘虏。一个月后,辽太宗在汴梁称帝,以示自己成为中原地区的皇帝。刘知远审时度势,立刻派部将王峻向辽太宗呈送降表,辽太宗高兴地称呼刘知远为儿子,并赐给他一根只有身份贵重的大臣才能拥有的木拐。王峻拿着木拐走在路上,契丹人纷纷退让。

王峻回来后,向刘知远汇报称契丹内部政局混乱,肯定无法长久占据中原,于是开始商议建国。中原各地

▼后汉高祖刘知远称帝

的将领并不认可辽朝的统治，认为中原不能长期处于无主的状态，而刘知远的威望越来越高，众多官员前后三次上书，恳请他登基称帝，刘知远这才答应。几天后，刘知远看准时机，在太原（今山西省太原市）称帝，是为后汉高祖。

辽太宗听闻后汉高祖建国的消息，非常震惊，一怒之下颁布诏令，剥夺了授予高祖的所有官爵。高祖则颁布诏令，禁止向契丹进奉，慰劳抗辽的军队和民众，下令处死所有契丹人。晋朝旧臣深受触动，纷纷投诚归附，中原地区很快掀起了反契丹的热潮。

辽太宗见势不妙，匆忙离开汴梁，率军北归。后汉高祖进入汴梁城，改名刘暠，定国号为汉。同时，减免税赋，大赦天下。此前，犒赏将士都是依靠搜刮民财，在皇后李氏的建议下，高祖将这项旧例改为由朝廷出资，深得民心，迅速稳定了局势。

此前，魏州（今河北省中部）节度使杜重威以晋军主将的身份投降契丹。后汉高祖称帝后，命令他移镇归德军（今河南省商丘市），杜重威知道自己的履历不光彩，不肯听命。

高祖派军队前去讨伐，没有成功，便率军亲征，两方死伤无数，久攻不下。高祖决定采取招降之策，承诺赦免杜重威。恰逢魏州城内粮草用尽,杜重威就势投降,中原地区得到了短暂的安宁。

948年,后汉高祖的长子刘承训英年早逝,高祖悲痛不已,抑郁成疾。临终前,将儿子刘承祐托付给后周太祖郭威等人,并授意除掉反复无常的杜重威,这才撒手人寰。

刘承祐即位,是为后汉隐帝。隐帝猜忌功臣,诛杀郭威全家,郭威被迫造反,建立后周,后汉政权就此灭亡。后汉高祖苦心经营的后汉,共经历了四载春秋,成为五代十国时期最短命的王朝。

经典原文与译文

【原文】闵帝左右谋害晋高祖,帝密遣御士石敢袖锤立于晋高祖后,及有变,敢拥晋高祖入一室,以巨木塞门,敢寻死焉。帝率众尽杀闵帝左右,遂免晋高祖于难。——摘自《旧五代史·卷九十九》

【译文】后唐闵帝身边的侍从谋害后晋高祖石敬瑭,后汉高祖刘知远秘密派遣侍卫石敢在衣袖里藏锤,站在后晋高祖身后,等到有变故,石敢拥着后晋高祖进入一间屋室,用大木堵塞屋门,石敢不久就死了。后汉高祖率领部众将后唐闵帝身边的侍从全部杀死,后晋高祖这才幸免于难。

词语积累

天下汹汹(xiōng):汹汹,喧扰。形容局势动荡,群情喧扰。

秘不发丧:秘,秘密;发丧,办理丧事。暂时不向外宣布死讯。

二十四史马上读,语文历史都进步

史弘肇列传

> 史弘肇(zhào)(?—950年),字化元,郑州荥(yíng)泽县(今河南省郑州市)人,五代后汉名将。

● 威高震主的固执悍将

史弘肇出身于农家,不想像父亲一样做农活,每天到处闲逛,经常耍拳弄棒,同乡们都觉得他不务正业。史弘肇依然我行我素,毫不在意别人的评价。据说他一天能走两百里路,跑起来的速度跟奔马一样。

后梁末年,朝廷征兵,史弘肇进入军营,因为武艺在身,被选入禁军,追随后晋高祖石敬瑭,成为他的亲信随从。后汉高祖刘知远镇守太原府(今山西省太原市)时,将史弘肇提拔到身边,屡次升职,史弘肇开始有了一定的地位。

后汉建立不久,代州(今山西省代县)将领王晖反叛,带着城池投降了辽国。史弘肇奉命前去征讨,一鼓作气攻下代州城。

不久，上党（今山西省长治市）将领王守恩想要归降后汉，辽国马上派兵攻取上党，后汉高祖便让史弘肇前去支援王守恩。还没等到交战，辽国已经退兵，史弘肇便一路进攻，将被迫投降契丹的城池全部收回，附近的城池也纷纷归降后汉。

后来，后汉高祖进军洛阳很顺利，就是因为史弘肇作为先锋收取了这些城池，占据了战略要地。

史弘肇沉默寡言，但善于治军，部队秋毫无犯，赏罚分明。有一次，史弘肇的部将不听从调遣，当场就被他用棍棒打死，其他将士吓得两腿打战。军纪严明之后，战斗力变得很强，后汉高祖就是依靠他的军队，顺利拿下中原大部分地区。

后汉高祖临终前，将儿子汉隐帝托付给史弘肇等顾命大臣，史弘肇认真辅佐少主，毫无松懈。不久，京城开封府（今河南省开封市）西面的三个军镇叛乱，朝廷派兵平叛，但京城流言四起，人心惶惶，不法之徒趁机作乱。

史弘肇掌管禁军，负责京城治安，他以严厉的刑法惩处为非作歹之人，抓到犯人经常在大街上就地正法，无赖之徒望风而逃，以至于路上掉了东西，都没人敢去捡。

史弘肇的强硬手段虽然很好地维护了治安，但也造成

173

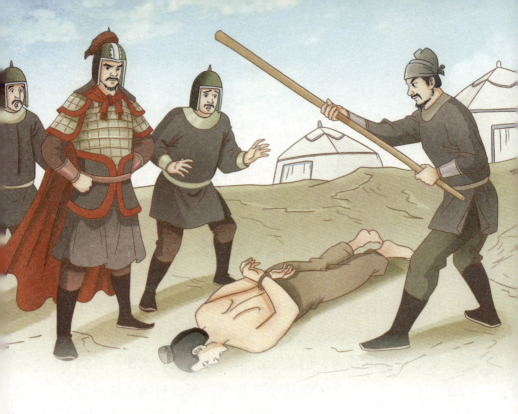

▲ 史弘肇杖刑部将

许多冤假错案，不少军官借机恐吓敲诈、嫁祸威胁他人，百姓有口难言。

有一次，京城上空出现太白金星，有人抬头看了一眼，被当作私自观察天象，包藏反叛之心，竟然被处以腰斩酷刑。宰相李菘（sōng）被家奴诬告，全家当众被处死，史弘肇非但没有制止，反而将李菘的小女儿收到自己家里充作奴婢。

史弘肇因为出身低微，长期在军队，耳濡目染之下，很憎恨文人，讨厌与他们交往，经常说："我简直无法容忍那些文人，他们瞧不起我们，说我们都是小兵卒，实在是又可恶又可恨！"因此，他经常与同为武将的郭威交往，极力拉拢众将，与文臣极不和睦。

有一次，郭威被派遣出征，文武大臣都为他践行。席间，史弘肇说："安定朝廷，平息祸患，只需要长枪大剑就够了，至于拿笔的儒生，要他们有什么用！"

掌管财政的大臣王章听了很不高兴，反驳说："只有长枪大剑，没有读书人，军队的供给物资又从哪里来呢？"史弘肇无话可说，提前离席。

不久，王章在家安排酒宴，史弘肇等很多大臣都出席了。觥筹交错之时，大臣们开始行酒令。史弘肇不懂玩法，身旁的一位大臣阎晋卿数次教他。

宰相苏逢吉借机打趣史弘肇说："你身边坐着姓阎的人，何必担心被罚酒？"一句话激怒了史弘肇，原来他的妻子阎氏过去是酒妓，因此误认为苏逢吉在羞辱自己，两个人发生了激烈的争吵。史弘肇竟然暴跳如雷，想要拿剑杀了苏逢吉，吓得苏逢吉骑马逃掉了。自此，将相之间的矛盾加深，连皇帝也没法调解。

朝中很多大臣不满史弘肇专横的性格和独断专行的风格，不断在后汉隐帝面前说坏话，诬陷他谋反。有一天深夜，后汉隐帝听见作坊传出铸造兵甲的响动，怀疑外面有军队

要攻进皇宫，整夜都没睡好。自此，后汉隐帝开始密谋，准备诛杀史弘肇。

950年，史弘肇等几位托孤大臣奉命入宫，几十个士兵突然从殿内涌出，杀了他们。郭威当时正在外地镇压反叛，听说后汉隐帝诛杀了史弘肇等人，马上举兵造反，后汉政权至此终结。

经典原文与译文

【原文】 太后有故人子求补军职，弘肇怒而斩之。帝始听乐，赐教坊使玉带。诸伶官锦袍，往谢弘肇，弘肇让之曰："健儿为国戍边，忍寒冒暑，未能遍有沾赐，尔辈何功，敢当此赐！"尽取袍带还官，其凶戾（lì）如此。
——摘自《旧五代史·卷一百零七》

【译文】 太后的一位故人的儿子请求补任军职，史弘肇生气地杀了他。后汉隐帝开始听乐曲，赏赐玉带给教坊使，又赏赐锦袍给各位伶官。这些人前去感谢史弘肇，史弘肇指责他们说："将士们为国戍边，忍耐寒冷、承受暑热，都不能全部沾享恩泽，你们有什么功劳，竟

敢担得起这样的赏赐！"将玉带、锦袍全部收回官府，他凶狠暴戾到这种程度。

秋毫不犯：秋毫，鸟兽秋天新换的绒毛，比喻极细微的东西；犯，侵犯。丝毫不加侵犯。形容部队的纪律严明，不侵犯老百姓的利益。

无所不至：没有达不到的地方，也指但凡能做的都做到了（多用于坏事）。

后周太祖本纪

> 郭威（904—954年），字文仲，邢州尧山县（今河北省隆尧县）人。后周开国皇帝，死后庙号太祖。

● 治国有方的勤俭帝王

郭威出身于将门世家，父亲郭简为晋王李克用效力，被敌军杀死。不久，母亲因病过世，由姨母抚养长大。

郭威成人后，身材魁梧，勇猛过人，喜爱兵器，崇尚武力。十八岁时，泽潞（今山西省东南部、河北省西南部）节度使李继韬招募他为亲兵。郭威喜欢赌博喝酒，偶尔还打抱不平。

有一次，郭威听说市集上有个屠夫欺行霸市，大家都畏惧他。郭威佯装醉意，去找屠夫买肉，故意找碴儿为难他。屠夫暴跳如雷，掀起衣服，露出肚皮，大喊道："有胆量的话，你就照这儿捅我一刀！"

郭威拿起刀子就刺了进去,屠夫当场死亡,郭威被抓进监狱。李继韬爱惜他的才华,偷偷放了他。不久,李继韬被后唐庄宗攻灭,郭威被收编进唐军,后来追随后汉高祖刘知远。

后晋高祖刚继位,天雄节度使范廷光在魏州(今河北省大名县)反叛,朝廷派将领杨光远前去征讨。郭威本该一同随行,心里却百般不乐意,有人询问原因,郭威说:"在我看来,杨公毫无英雄气概,得到我又有什么用呢?真正能让我发挥才能的人是刘公知远啊!"刘知远屡次在地方镇守,郭威都无怨无悔地跟从。刘知远优待郭威,任由他在营帐中随意走动,看作心腹之将。

946年,后晋高祖的养子晋少帝被辽国俘虏,郭威趁机劝说后汉高祖称帝。当时,外交不顺利,国家不安定,郭威出谋划策,为后汉高祖建国立下不少功劳。两年后,后汉高祖病重,将儿子后汉隐帝托付给郭威等人。

不久,河中(今山西省西南部)节度使李守贞谋反,将领史弘肇说:"李守贞不过是个小人物,能掀起什么大风浪?"郭威却说:"李守贞虽然不懂得带兵打仗,但是他善于广交天下豪杰,有本事让别人为他卖命,不可小觑!"此后,永兴军(今陕西省中部)节度使赵思绾(wǎn)、凤翔(今陕西省西部)节度使王景崇相继拥兵造反,朝廷出兵征讨,全部无功而返。

948年,后汉隐帝派遣郭威出兵讨伐。郭威到达河中,立起栅栏,筑牢壁垒,分兵包围,李守贞几次突围都以失败告终。

相持很久,城内粮草断绝,郭威看准时机,下令四面攻城。李守贞见败局已定,自焚而亡。赵思绾、王景崇见状,纷纷投降,稳定了风雨飘摇的后汉政权。

随后,后汉隐帝命令郭威前去镇守河朔(今河北省大部),防御辽国。临出发前,郭威劝谏隐帝说:"陛下尚且年轻,一切事情都应该审慎决定。文武大臣心系国事,但凡有任何问题都可以征询,才能避免出错。"不出数月,郭威将当地治理得井井有条,平安和睦。

后汉隐帝继位后,猜忌前朝老臣,便与亲信密谋诛杀郭威等人。幸而有人及时通知了郭威,因为事态紧急,郭威采用谋士的计谋,伪造诏书,宣称皇帝命令他诛杀有功的将领,将领们顿时群情激奋。

郭威趁机说:"皇上听信谗言,被小人蛊惑,想要诛杀功勋大臣。我唯有一死告谢天下,此生也就无憾了。"将士们纷纷推举他起兵讨伐。后汉隐帝收到消息,将郭威在京城的亲属全部杀死。

▲ 后周太祖郭威黄袍加身称帝

950年,后汉隐帝在出逃途中被杀,郭威拥戴刘氏宗室为帝。不久,朝廷突然接到军报,北方辽国入侵,郭威受命率军北上抵抗。军队到达澶(chán)州(今河南省濮阳市),士兵发动兵变,将黄袍加在郭威身上,拥戴他称帝。郭威率军返回汴京(今河南省开封市),正式称帝,国号大周,是为后周太祖。

后周太祖重用文臣,努力革除五代以来军人政权的不良形象;仁爱百姓,尤其崇尚勤俭。他曾说:"我出身穷苦,有幸做了皇帝,常常担忧德不配位,哪能养尊处优,通过劳累百姓来无止境地奉养自己呢？"因此减轻税赋，带头厉行节俭，严禁各地进奉美食珠宝，将宫中的豪华用具全部打碎，以杜绝奢靡之风。

954年，后周太祖病重，传位于妻子的侄儿后周世宗柴荣，为我国历史上唯一的事例。临终前，他嘱托后周世宗，丧事从简，以纸衣装殓，瓦棺作椁，不能惊扰百姓，不派人守陵。后周太祖虽然在位只有三年，但后周很快显露出富强的迹象，为周世宗打下了良好的基础。

经典原文与译文

【原文】累谕晋王曰："我若不起此疾，汝即速治山陵，不得久留殿内。陵所务从俭素，应缘山陵役力人匠，并须和雇，不计近远，不得差配百姓。陵寝不须用石柱，费人功，只以砖代之。用瓦棺纸衣。"——摘自《旧五代史·卷一百一十》

【译文】周太祖多次教导晋王柴荣说："我如果一病不起，你就赶快修筑陵墓，不要将我的尸体久留在殿内。陵墓之地尽量俭省朴素，所有修筑陵墓需要的人力工匠，全部要出钱雇用，不管距离远近，不准向百姓强行摊派劳役。墓穴里不必使用石柱，浪费人力，只需要用砖替代。用瓦棺纸衣。"

词语积累

纸衣瓦棺：纸衣，用纸制作的殓衣；瓦棺，陶制葬具。比喻薄葬。

焦思劳心：焦，焦急；劳，费。形容某人为某事忧心苦思。

后周世宗本纪

> 柴荣（921—959年），本姓柴，后来曾经改姓郭，邢州尧山县（今河北省隆尧县）人。五代时期政治家，后周第二位皇帝，死后庙号世宗。

壮志未酬的五代第一明君

柴荣小时候家庭富足，后来家道中落，投奔姑父姑母，他的姑父便是后周太祖郭威。柴荣天性谨慎稳重，深得郭威信任，成为太祖的养子。

起初，郭威的经济不宽裕，柴荣为了资助家用，学做茶货生意，其间研读经书，学习骑射。待到成年后，弃商从戎，追随郭威左右。

950年，后汉隐帝因为猜忌功臣，将郭威和柴荣留在京城汴京（今河南省开封市）的亲属全部杀死。第二年，后周建立，柴荣被册封为皇子，担任澶州（今河南省濮阳市）

刺史等职。

当时，澶州破壁残垣，一片凄凉。柴荣赴任后，增修房舍，扩大街巷，景象一新。他为政清廉严厉，威慑四方，盗贼不敢进入境内。

954年正月，后周太祖病重，官民无不沮丧忧虑，听说由柴荣来掌管兵马大权，这才拍手称快。太祖病逝后，柴荣在太祖灵柩前继位，是为后周世宗。

依附辽国的北汉国主刘崇趁着后周国丧之时，亲自领兵三万，招引一万辽国骑兵共同南下，进犯潞州（今山西省长治市）。

世宗力排众议，决心亲征，他说："唐太宗创业之初，哪次不是亲自征伐？我又有什么好怕的！"而后星夜兼程，在巴公原（今山西省晋城市）与北汉军狭路相逢。

大战拉开序幕，后周右军数位将领竟然临阵脱逃，士兵们见状纷纷弃甲投降，幸而世宗临危不惧，亲率骑兵，冒死督战，战士们深受感染，奋起拼命杀敌，击退汉军。观望的辽军见势不妙，望风而逃。一番鏖（áo）战过后，刘崇最终仓皇撤军。

经此一役，后周世宗成功巩固了自身地位。事后，他斩杀了逃命自保的将领，封赏了作战有功的大将，稳定了军心。

后周世宗当时三十四岁，正是年富力强之年，渴望继承后周太祖遗志，做出一番恢宏的事业。

有一次，他问精究术数的大臣王朴："朕能做多久的皇帝？"王朴回答："臣孤陋寡闻，但以毕生所学推算，陛下至少可以稳坐三十年江山。"世宗高兴地说："如果一切如你所言，那么朕将用十年开拓天下，十年富足百姓，十年恢复天下太平，朕此生足矣！"从此，世宗严惩贪官污吏，虚心求谏，广纳贤才，修订历法，整顿禁军，奖励农耕，兴修水利，朝局焕然如新。

当时，天下大乱多年，许多百姓为了逃避参军，选择投身寺院自保，佛寺反而成了藏污纳垢之地。后周世宗下令，除了重点寺院之外，其他寺院一律拆毁，总共废去三万多所寺院，还俗六万多名僧人。

还有一些信徒为了铸造佛像，大量熔铸在市场上流通的铜钱，世宗反其道而行之，将佛像捣毁用来铸造铜钱。朝堂内外议论纷纷，世宗说："佛本就是度化世人的，倘若内心向善，就已经是供奉佛了。朕听说，佛祖为了救他人生死，就连自己的头颅和眼睛都可以布施出去。假如朕的身体能够救济天下百姓，也一样在所不惜！"

955年，后周世宗正式开启统一事业。他先派遣将领

▲ 后周世宗灭佛

西征后蜀,成功收复四州之地。西征刚结束,紧接着在两年不到的时间内,连续三次征讨南方最强盛的王朝——南唐,后周军队所向披靡,锐不可当,迫使南唐俯首。南唐元宗李璟派遣使者求和,去除帝号,以"江南国主"自称。自此,后周实力震慑了南方的割据势力,为此后的北伐解除了后顾之忧。

959年,后周世宗亲率数万骑兵,直入辽国境内。碍于后周的威慑,辽国诸将纷纷投降。此次出师仅用四十二天,连收三关三州,共十七县,战果累累。

世宗决定趁热打铁，乘胜夺取幽州，遭到将领们的反对，但他一意孤行，竟于当晚突发疾病，只得抱憾返回京城。不久，因病驾崩，终年三十九岁。

后周世宗在位期间，高丽（今朝鲜半岛）、占城（今越南中南部）、回鹘（hú）和女真等国纷纷前来进贡，彰显了后周强大的国力。遗憾的是，这位千古明君出师未捷，一统山河的梦想未了。而世宗打下的江山，却为宋太祖统一全国奠定了基础。

经典原文与译文

【原文】初，王师之伐秦、凤也，以立为排阵使，既而为蜀所擒。及秦、凤平，得降军数千人，其后帝念其怀土，悉放归蜀，至是蜀人知感，故归立于我。——摘自《旧五代史·卷一百一十四》

【译文】当初，朝廷军队讨伐秦州（今甘肃省天水市）、凤州（今陕西省宝鸡市）时，任命胡立为排阵使，不久胡立被蜀军擒获。等到秦州、凤州平定以后，得到几千名投降的蜀军，后来后周世宗柴荣感念他们想念家

乡，全部放回蜀国，到这时蜀人感谢后周世宗，所以放胡立回到周朝。

大赦天下：古代皇帝为了收揽人心，常利用登基、祭祀、册立皇后太子、天灾等机会发布赦令，赦免一批犯人，叫作大赦天下。比喻既往不咎，不再追究之前的问题，给予机会重新开始。

望风而退：在远处看到敌人的气势很盛，不曾交战就撤退。形容军队闻风丧胆的样子。

新五代史

下

  《新五代史》由北宋史学家欧阳修撰写，原名《五代史记》，后世为区别于史学家薛居正监修的《五代史》，称为《新五代史》。全书共七十四卷，包括本纪十二卷、列传四十五卷、考三卷、世家及年谱十一卷、四夷附录三卷。记载梁太祖朱温代唐称帝到北宋王朝建立（907—960年），共五十三年的史事。《新五代史》文笔出类拔萃，内容平实易懂，将文学性和史学性有机结合，充满着浓厚的悲剧气氛，以及作者强烈的抒情性，是唐宋以后唯一的一部私修正史，在我国史学史上有着重要的地位。

  《新五代史》成书时间较晚，欧阳修对史料进行了认真细致的考辨，采用了实录以外的笔记、小说等材料，增加了部分新史料，删减了很多传记人物，订正了《旧五代史》中很多错误，设立了独具特色的类传。但是，欧阳修融入了过多的个人见解，史实记述不如《旧五代史》客观，招致了后世的批评。

新五代史·吴世家

吴世家

> 杨吴（902—937年），五代十国时期的十国政权之一。为吴太祖杨行密所建，定都金陵（今江苏省南京市），历经四主，享国三十五年，是五代前期南方最强大的政权，是"十国"的第一国，史称南吴。疆域囊括今江西省全境、湖北省东部、安徽和江苏两省淮河以南地区，完全占据东南最富有的地方。《新五代史·吴世家》一卷，记载杨吴几位国主的事迹。

● 戎马半生的杨吴奠基人杨行密

杨行密（852—905年），原名行愍（mǐn），字化源，庐州合肥县（今安徽省合肥市长丰县）人。五代十国时期吴国政权的奠基者，史称南吴太祖。

杨行密出身于农家，幼年丧父，家境贫寒。但身材高大，天生神力，能举百斤重物，一天行走三百里路。

唐僖宗年间，杨行密在江淮地区参加农民起义，失败后被捕入狱。当地刺史因为他容貌奇特，释放了他。

此后，杨行密应募参军，军吏暗中使坏，他一怒之下杀了军吏，再次起兵作乱。刺史吓得弃城而逃，杨行密占领庐州（今安徽省合肥市）。当时唐朝已经形成藩镇割据的局面，朝廷顺势让杨行密担任了庐州刺史。

当时，淮南（今江苏、安徽两省长江以北、淮河以南地区）节度使高骈（pián）是当地的最高长官，遭到部下毕世铎（duó）反叛，便立刻上书朝廷，请求让杨行密协理军务。杨行密率领数千兵马前去驰援，毕世铎早已安排兵马驻守扬州（今江苏省扬州市），囚禁了高骈，杨行密无法进入，只能在城外屯军。

毕世铎派出数万兵马攻打杨行密，杨行密假装不敌，弃寨逃跑，毕世铎的兵卒缺粮已久，争相进入军寨抢粮。杨行密趁机反攻，大败毕世铎。毕世铎逃回扬州城，一怒之下杀死高骈。

杨行密听闻高骈被害，命令全军身着白色孝衣守孝三天，而后化悲痛为力量，再次进攻，最终占领扬州。

扬州经过连年战乱，早已民不聊生，当地百姓易子而食。见此惨状，杨行密认为此地难守，想要离开。其间，毕世铎卷土重来，部队军心不稳，杨行密很是担心。他的门客袁袭认为，旧地庐州粮草充盈，城池完好，仍然可以作为大本营，杨行密这才撤回庐州。

杨行密在庐州待了很久，眼见各地藩镇相互兼并残杀，想到自己不能坐等死亡，又不知道何去何从，感到很迷茫，再次向袁袭询问："我想星夜兼程，向西夺取洪州（今江西省南昌市），你意下如何？"袁袭经过分析，认为攻打宣州（今安徽省宣城市）更合适，杨行密听从，成功占领宣州。

不久，朝廷任命他担任宣州观察使。杨行密派遣部将，逐步占据淮南各州，势力逐渐扩大。

892年，唐朝任命杨行密担任淮南节度使，入驻扬州，正式成为一方藩镇。此后，杨行密和南边的邻居镇东军（今浙江省东部）节度使钱镠（liú）多次交战，双方实力相当，难分伯仲。其间，杨行密的部下冯弘铎叛变，战败后打算投海，杨行密亲自拦下他，大度地说："胜败是兵家常事，不过是一次战败，何苦跑到岛上去呢？我的府上虽然不大，还可以容纳你。"冯弘铎深受感动，重回杨行密身边。

902年，唐昭宗册封杨行密为吴王，下令他征讨大军阀梁王朱温。不久，将领田頵（jūn）背叛杨行密，抓住杨行密部下李神福的妻儿，以此胁迫他，李神福说："我自小卒起，便跟着吴王起事。如今已成大将，又怎么能因为

▲ 杨行密阻止冯弘铎跳海自杀

顾念妻儿而背叛吴王的恩义呢?"说罢,立刻斩杀田頵的使者,自绝退路。

　　恰逢钱镠的部将徐绾也造反,为了防止徐绾投降杨行密,钱镠主动派儿子出使,请求联姻,杨行密欣然同意。后来,徐绾果然主动联络田頵。等到杨行密平定田頵后,抓获徐绾,将他送给钱镠,钱镠终将徐绾斩首。自此,杨行密与钱镠讲和,两国保持了长达数十年的和平共处关系。

　　自田頵等人相继叛变后,杨行密怀疑小舅子朱延寿也有反心。每次接见朱延寿的使者,杨行密都假装有眼疾,时而看错东西,时而撞柱倒地,众人都相信了他的伪装。杨行密常常对着朱夫人痛哭流涕:"我的事业如此成功,偏偏眼睛患有疾病,看来上天这是要亡我啊!我的儿子们都不能成大事,如果能将毕生的基业托付给朱延寿,死而无憾!"朱夫人听后非常高兴,忙召唤弟弟前来。朱延寿刚到,就被等候已久的杨行密刺杀。自此,杨行密身边的叛逆之臣基本被清理干净。

数年来,杨行密打着拥唐讨逆的旗帜,收揽各地小军阀,扩充了实力;又多次击败梁王朱温,稳住了自己的地盘。杨行密出身低微,驻守江淮后,积极采取措施恢复经济,民众得以生息,社会秩序基本稳定。

905年,杨行密病故,终年五十四岁。927年,杨行密的儿子杨溥(pǔ)继位,追尊庙号太祖。

杨行密身处唐末乱世,在江淮地区实施割据,阻止了中原军阀朱温南进的步伐,在一定程度上维护了南方的安定。

经典原文与译文

【原文】岁满戍还,而军吏恶之,复使出戍。行密将行,过军吏舍,军吏阳为好言,问行密行何所欲。行密奋然曰:"惟少公头尔!"即斩其首,携之而出,因起兵为乱,自号八营都知兵马使。——摘自《新五代史·卷六十一》

【译文】杨行密一年戍边期满后返回,但是军吏讨厌他,又让他去戍边。杨行密准备起程,前往军吏的住处拜访,军吏假装说好话,问杨行密此行有什么想要的。杨行密激愤地说:"只少你的人头罢了!"当即斩下军吏的首级,携带而出,趁机起兵为乱,自称八营都知兵马使。

仓廪(lǐn)空虚:仓廪,储放粮食的仓库。粮仓贫瘠、匮乏。

犹豫未决:犹豫,迟疑不决;决,确定。拿不定主意,下不了决心。

新五代史·南唐世家

南唐世家

南唐（937—975年），五代十国时期的十国政权之一。为南唐烈祖李昪（biàn）所建，定都江宁（今江苏省南京市），历经一帝二主，享国三十八年，是十国中疆域最大的政权。最兴盛时，疆域囊括今江西省、安徽省、江苏省、福建省、湖北省和湖南省的一部分。人口最多时有五百余万，文化昌盛，为开发我国南方做出了重大贡献。《新五代史·南唐世家》一卷，记载南唐几位国主的事迹。

回天无力的亡国之君李煜

李煜（yù）（937—978年），原名李从嘉，字重光，籍贯徐州彭城县（今江苏省徐州市），生于江宁府。南唐末代君主，著名词人。

李煜是南唐皇帝唐元宗李璟（jǐng）的第六个儿子，为人至孝,文采非凡,诗文绘画样样精通。为了不被当太子的兄长猜忌,他整天醉心经书,志在山水,表明无意争夺储君之位。后来,太子病逝,李煜被封为吴王,开始入主东宫。

960年,宋太祖赵匡胤取代后周称帝,正式终结了五代乱局,开始征讨各个割据势力,以图统一全国。第二年,李煜正式在金陵(今江苏省南京市)继位。鉴于当时北强南弱的局面,为了保全南唐基业,李煜决定使用宋朝的年号,派人向宋朝纳贡,还亲自撰写《即位上宋太祖表》,陈述南唐的变故,表现得十分谦卑。

李煜初登大位,一改父亲大规模用兵的方式,励精图治,休养生息,努力增强国力。在接下来的几年中,宋朝先后攻灭了南楚、南平、后蜀等国。

李煜更加不敢懈怠,一方面,他积极向宋朝表示臣服,除了常规纳贡外,每逢重大活动,都献上厚礼表示祝贺;每次与宋朝使者会面,李煜特意脱下龙袍,换上宋朝的官服。另一方面,李煜暗中缮(shàn)甲募兵,固守城池,加强军事力量。

967年,李煜下令相关重臣夜晚在办公室值班,以便随时商议国事。见大臣韩熙载尽职尽忠,常常直言相谏,便想让他担任宰相。但是,韩熙载蓄养了很多姬妾,常常让她们侍奉来往宾客。李煜深感不悦,将韩熙载降职。韩熙载揣度圣意后,遣散了姬妾,李煜非常高兴,又恢复了他的职位。但没过多久,这些姬妾又悄悄回来了,李煜失望地说:"我真是无可奈何啊!"一年后,韩熙载病逝,李煜终究没让他担任宰相。

尽管李煜一再屈尊贬损仪制,但宋朝统一已是大势所趋。974年,宋太祖以祭天为由,派使者到南唐,诏令李煜入京。李煜推说生病,不肯前往,回复说:"臣尽心尽责地侍奉朝廷,只是想保全宗庙而已。既然事已至此,只好一死了之。"太祖知道李煜不肯臣服,于是以此为借口,出兵攻打南唐。

与此同时,东边的邻国吴越也趁机进攻南唐。李煜派使者质问,说明唇亡齿寒的道理,吴越国王不予答复,反将李煜的书信送给宋朝。

一年之后,宋军已经占领南唐大部分国土,随即包围金陵,昼夜不停地进攻,金陵米粮匮乏,死伤不计其数。李煜两次派遣使者出使北宋,进奉钱物,乞求宋军缓兵,宋太祖说:"卧榻之侧,岂容他人鼾睡!"不久,金陵失守,李煜奏表归降。自此,南唐灭亡。

976年正月,李煜被押送到京城开封,宋太祖将他封为违命侯。不久,太祖的弟弟宋太宗继位,改封李煜为陇

▼李煜软禁期间凭高远眺

西公。

　　李煜多才多艺，以词的成就最高，有"千古词帝"的美誉。他的词作以亡国为分界线，很明显分作两个时期。前期在南唐为帝，风格绮（qǐ）丽婉转，继承了晚唐"花间派"词人温庭筠（yún）和韦庄的传统。后期被困于开封，词作哀婉凄切，充满无可奈何的愁思，是"四十年来家国，三千里地山河"的悲歌。

　　总之，李煜在词的表现领域、词境、语言、风格上，都取得了极大的成就，对后世产生了很大的影响。因此近代大学者王国维才说："词至李后主而眼界始大，感慨遂深，遂变伶工之词而为士大夫之词。"

　　李煜还是造诣极深的书法家和书法理论家，他擅长行书，笔法苍劲有力，就像寒松霜竹，世称"金错刀"；又偏爱写大字，不用毛笔，以卷（juǎn）帛为笔书写，世称"撮（cuō）襟（jīn）书"。他画笔下的竹，小而坚挺，被称为"铁钩索"。他又精通音律，创作了诸多乐曲。

　　978年，七夕节的这一天，怀念故国的李煜追思往事，提笔泣泪地写下了著名的词作——《虞（yú）美人（春花秋月何时了）》。当晚，这位才子皇帝在愤懑（mèn）中离开了人世，他的生辰和忌日悲哀地重合了，正应了他那一句"问君能有几多愁，恰似一江春水向东流"。

经典原文与译文

【原文】开宝四年,煜遣其弟韩王从善朝京师,遂留不遣。煜手疏求从善还国,太祖皇帝不许。煜尝怏怏以国蹙(cù)为忧,日与臣下酣宴,愁思悲歌不已。——摘自《新五代史·卷六十二》

【译文】宋太祖开宝四年(971年),李煜派弟弟韩王李从善去京师朝见,于是被留下不让回来。李煜亲笔写奏疏请求李从善回南唐,宋太祖不同意。李煜时常不高兴,为丧失国土而忧心,每天与臣子纵情宴饮,忧愁悲歌,不能自已。

不堪回首:不堪,不能忍受;回首,回头,引申为回顾、回忆。之前的事情太痛苦,不忍再去回忆。形容境遇或思想发生巨变,不禁感慨往昔。

新五代史·吴越世家

吴越世家

> 吴越（907—978年），五代十国时期的十国政权之一。为吴越太祖钱镠（liú）所建，定都杭州（今浙江省杭州市），历经三代五王，享国七十二年。强盛时疆域囊括今浙江省全境、江苏省东南部、上海市和福建省东北部一带。吴越国自立国之始，就尊中原王朝为正朔，接受他们的册封。《新五代史·吴越世家》一卷，记载吴越几位国主的事迹。

◉ 缔造苏杭天堂的"海龙王"钱镠

钱镠（852—932年），字具美，杭州临安县（今浙江省杭州市临安区）人。吴越国开国国君，死后谥号武肃王。

钱镠生下来面貌丑陋，他父亲认为不祥，将他丢弃在房后的井中。他的祖母于心不忍，抱回家抚养，因此乳名叫婆留。

钱镠自小就学武,擅长射箭,长大后以贩卖私盐为生。

875年,狼山镇(今江苏省南通市)遏使王郢(yǐng)起兵造反,本地将领董昌四处招募兵卒平叛。钱镠应召入伍,被任命为偏将,很快就平定了王郢叛乱,后来又跟着董昌四处征战,官职逐步提升。

879年,黄巢的义军进犯临安县。面对强寇,钱镠说:"我们的人数远不及贼寇,只能出奇招,设埋伏,才能有胜算。不过,这个计谋只能用一次。"随后,钱镠带着二十多人伏击义军的先头部队,然后主动撤退到八百里(临安县境内),告诉路边的老妇人:"后面如果有人问你,你就说:'临安县兵驻扎八百里。'"黄巢的追兵到达,老妇人告知他们钱镠的话,黄巢说:"我们连十多个乡兵都对付不了,何况这里有八百里人马呢!"随后率军撤离。淮南(安徽省、江苏省在长江以北、淮河以南的地区)节度使高骈因此对钱镠赞叹不已,认定他将来必定能超越自己。

886年,董昌命钱镠攻打越州(今浙江省绍兴市),并承诺自己占据浙东(今浙江省东部)后,将杭州让给钱镠。钱镠大获全胜,董昌信守承诺将杭州拱手相让。第二年,钱镠被唐朝任命为杭州刺史。

当时,唐朝经过黄巢起义的打击,已经名存实亡,各地长官纷纷拥地割据。钱镠以杭州为根据地,利用周围各藩镇的争斗,逐步占据浙江西道(今浙江省北部、江苏省南部),势力进一步扩大。893年,唐昭宗终于承认了钱镠对浙西的统治权,让他担任镇海军节度使。

895年,董昌在越州自立为帝,建立大越罗平国,任命钱镠为两浙都指挥使。钱镠写信规劝道:"如果做皇帝,九族与百姓一同遭受涂炭之祸。不如安心做个节度使,能享受终身富贵。"

董昌执迷不悟,钱镠又亲自率军到越州劝服,董昌这才向朝廷请罪。唐昭宗下令削去董昌官爵,命钱镠前去征讨。钱镠说:"董昌对我有恩,我不能立刻讨伐他。"

第二年,钱镠正式征讨董昌,董昌被俘后自杀身亡。自此,唐昭宗赐予钱镠免死铁券,哪怕他犯下九条死罪,都可以免死,还将他的画像挂在凌烟阁上。这个时候,钱镠基本掌控了浙东和浙西,成为割据一方的大诸侯。

902年,钱镠进封为越王。后又上表朝廷,求封吴越王,被拒绝。当时还是梁王的梁太祖朱温帮钱镠斡旋,朝廷改封他为吴王。直到朱温篡唐称帝,钱镠才得偿心愿,被封为吴越王。

此后,钱镠主动停止征讨,集中力量修筑海塘,疏浚(jùn)内湖,动用大批劳力,加固钱塘江沿岸,形成

▲ 钱镠指挥修筑海塘

坚固的海堤，充分利用石塘，既保护农田不受侵蚀，又起到了蓄水灌溉的作用。在他的治理下，土地丰腴，百姓富足，两浙地区达到空前富庶，百姓们都亲切地称呼他为"海龙王"。

921年，钱镠再次获赐殊礼，朝廷的诏书不称呼他的名字。当时，各地割据势力先后建国称帝，常有人劝谏钱镠称帝，他笑着婉拒道："这些人把自己架在火炉之上，还要把我也拉到上面吗？"两年后，钱镠被册封为吴越国王，正式建立吴越国。他开始设置丞相百官，各种礼制都遵照皇帝的规格。

此后，中原的后梁被后唐取代，唐庄宗死后，国家又动荡不安，但钱镠始终初心如故。932年，八十一岁的钱镠病故，朝廷为他停止上朝七天。

钱镠不仅治国有方，还为钱氏子孙留下了弥足珍贵的"武肃王遗训"，代代相传。末代吴越王遵循遗训，归顺宋朝，使国家实现了和平统一。

此后，钱氏子孙绍绪家风，传承文脉，成就了吴越钱氏一千年人才鼎盛、家风谨严的奇迹。直到近现代，如钱玄同、钱穆、钱复、钱基博、钱钟书、钱学森、钱三强、钱伟长、钱其琛等如雷贯耳的名字，均是他的后裔。武肃王遗训成为钱氏家族宝贵的精神财富，钱家成为名副其实的"千年名门望族，两浙第一世家"。

经典原文与译文

【原文】梁太祖即位，封镠吴越王兼淮南节度使。客有劝镠拒梁命者，镠笑曰："吾岂失为孙仲谋邪！"遂受之。太祖尝问吴越进奏吏曰："钱镠平生有所好乎？"吏曰："好玉带、名马。"太祖笑曰："真英雄也。"乃以玉带一匣、

打球御马十匹赐之。——摘自《新五代史·卷六十七》

【译文】梁太祖朱温即位，册封钱镠为吴越王兼淮南节度使。有位宾客劝钱镠拒绝接受梁朝的封职，钱镠笑着说："我怎么能失去一个像孙仲谋一样称霸一方的机会呢！"于是接受封职。太祖曾经问吴越国入朝觐见的官员说："钱镠生平有什么爱好吗？"官员说："他喜爱玉带、名马。"太祖笑道："是个真正的英雄。"于是赐给他一匣玉带、十匹打球的御马。

立碑纪功： 碑，刻着文字或图画，竖立起来作为纪念物或标记的石头。竖立石碑、纪念功劳。

骁（xiāo）勇善战： 骁，勇猛。矫健勇猛，善于作战。形容战将英勇而又善于作战。